Vte PONSON DU TERRAIL

LA VEUVE

DE SOLOGNE

HISTOIRE D'UN COUTEAU DE CHASSE

PARIS
LIBRAIRIE CENTRALE
24, BOULEVARD DES ITALIENS
24, BOULEVARD DES ITALIENS

MDCCCLXVI

Vte PONSON DU TERRAIL

LA VEUVE

DE SOLOGNE

HISTOIRE D'UN COUTEAU DE CHASSE

PARIS
LIBRAIRIE CENTRALE
24, BOULEVARD DES ITALIENS, 24

MDCCCLXVI

VEUVE DE SOLOGNE

Paris. — Imp. de Poupart-Davyl et Cⁱᵉ, rue du Bac, 30

Vte PONSON DU TERRAIL

LA VEUVE
DE SOLOGNE

HISTOIRE D'UN COUTEAU DE CHASSE

PARIS
LIBRAIRIE CENTRALE
24, BOULEVARD DES ITALIENS, 24

MDCCCLXVI

LA
VEUVE DE SOLOGNE

I

Max de Verne était un garçon de trente ans, parfaitement bien élevé & riche de vingt-cinq mille livres de rente.

Il avait fait de bonnes études, parlait couramment plusieurs langues, tirait bien l'épée & le pistolet, montait à cheval très-suffisamment & avait des goûts modestes & paisibles.

Max dépensait son revenu avec une simplicité irréprochable.

Il n'avait qu'un cheval & qu'un domestique, jouait le whist à cent sous, & ne touchait jamais une carte de lansquenet.

Depuis dix ans qu'il était orphelin & maître de sa fortune, Max vivait sans crainte de l'avenir, sans regrets du passé, sans souci du présent, prenait du plaisir modérément & n'avait qu'une seule passion un peu dominante : il aimait les vieilles faïences, les porcelaines craquelées, les figurines de Saxe & les cristaux de Bohême.

Son petit appartement, situé à l'entrée de la rue de la Madeleine, & qui ne lui coûtait que quinze cents francs de loyer, était littéralement encombré de ces objets d'art, sa plus chère affection.

L'existence de Max était parfaitement réglée.

Il se levait à huit heures, montait à cheval jusqu'à dix, déjeunait au retour, chez

Durand, à l'angle de la rue Royale, & rentrait chez lui vers midi.

De midi à cinq heures, il était tout entier à sa passion favorite.

Si le temps était mauvais, Max restait chez lui occupé à ranger, à classer, à contempler ses faïences.

Si le soleil éclairait le boulevard qu'il apercevait de ses fenêtres, il sortait & s'en allait, à pied, le cigare aux lèvres, courir les ventes & les marchands de curiosités.

Le soir, il dînait souvent en ville, allait un peu dans le monde, faisait, au retour, un whist à son cercle & revenait se coucher fort tranquillement, pour recommencer la même vie le lendemain.

Max n'avait jamais songé à se marier, par la raison toute simple qu'il ne s'était jamais ennuyé.

Il avait eu des maîtresses, qu'il avait prises sans enthousiasme & quittées sans douleur.

Son cœur paraissait enveloppé d'une atmosphère de chloroforme.

Cette calme existence devait pourtant avoir un terme, & l'époque des orages s'annonça pour lui vers le milieu de septembre de l'année dernière.

Le mois de septembre est celui de l'équinoxe, dit-on.

Max habitait la rue de la Madeleine, au quatrième, depuis la fin d'avril 1851.

Il n'avait jamais changé d'appartement & avait subi sans murmurer les augmentations de son propriétaire.

Cet appartement était devenu pour lui une manière de temple rempli de chères idoles & qu'il fallait, à tout prix, préserver de la moindre profanation.

La pensée de déménager ne lui était jamais venue.

Déménager, mais c'était exposer ses faïences aux plus terribles accidents; c'était permettre d'y toucher à des mains impies & brutales...

Cette idée se présenta un jour à l'esprit de notre héros & le fit si bien prisonnier qu'il songea à acheter la maison qu'il habitait.

Après une nuit d'insomnie, — car c'était un soir, vers minuit, comme il se couchait, que cette pensée terrible avait traversé son cerveau, pareille à un météore de sinistre augure, — après une nuit d'insomnie, disons-nous, Max fit sa toilette, envoya chercher un fiacre & se rendit en toute hâte chez son notaire.

— Je veux acheter une maison, dit-il. Ma fortune est en *trois pour cent*, elle ne perdra rien à être convertie en immeuble.

— Où est cette maison que vous désirez acheter? demanda le notaire.

— C'est celle que j'habite.

— Rue de la Madeleine?

— Oui.

— Précisément elle est à vendre, répondit le notaire, sur la mise à prix de trois cent vingt mille francs.

— Bon! & à quand les enchères?

— Après-demain.

Max rentra chez lui, en proie à la première émotion qu'il eût jamais éprouvée.

Le surlendemain il acheta la maison. Elle rapportait vingt & un mille francs, les impôts payés.

L'affaire était excellente.

Mais Max se soucia moins du côté financier de l'opération qu'il ne se préoccupa de ses objets d'art.

— Maintenant, se dit-il, je puis dormir tranquille, mes faïences ne courent aucun danger.

— Monsieur le baron, — Max était un peu baron, — lui dit le concierge en le saluant jusqu'à terre le lendemain, monsieur le baron devrait bien changer d'appartement, à présent qu'il est propriétaire, & descendre au premier.

Max bondit, regarda le concierge de travers & ne lui répondit pas.

Il s'écoula trois mois, & Max avait repris sa vie égale & rangée, achetant toujours quelque nouveau chef-d'œuvre.

Vers la fin d'août, il résolut de faire un voyage à Dresde pour y compléter ses collections de vieux saxe.

Son absence dura quinze jours.

Le 5 septembre, au matin, notre héros débarqua au chemin de fer de l'Est, suivi de deux grandes caisses pleines de trésors, &, comme un père empressé de revoir ses enfants, il se fit conduire chez lui en toute hâte.

Il était impatient de contempler les belles faïences jaunes, rouges & bleues qui encombraient tous les dressoirs de son appartement.

Mais quelle ne fut point sa stupéfaction, son horreur même, lorsque son concierge lui remit un papier timbré !

Il y jeta les yeux, pâlit, jeta un cri & se trouva mal.

Max était exproprié pour cause d'utilité

publique. Le percement du boulevard Malesherbes venait d'être décidé.

Pendant huit jours notre héros fut en proie à un désespoir qui tenait de la folie; puis il prit un parti héroïque :

— Eh bien! dit-il, je déménagerai! mais je déménagerai petit à petit, avec le temps, & mes faïences auront un palais!...

Quand la ville démolit, elle paye sans trop marchander.

Max eut une plus-value de cent mille francs sur le prix de sa maison.

Alors il s'en alla au bois, où souvent il avait aperçu, du côté du Ranelagh, un charmant petit hôtel.

L'hôtel était à vendre.

Max l'acheta.

Il eut six mois pour déménager, &, chaque jour, il emporta une à une quelque pièce de sa merveilleuse collection.

Mais ce déménagement avait bouleversé toutes les habitudes de notre héros.

Quand la dernière potiche eut quitté

l'appartement de la rue de la Madeleine pour aller au bois, Max s'aperçut que, si riche que fût sa collection, elle se perdait & s'amoindrissait dans ce vaste hôtel.

Ensuite, comme il ne pouvait plus, les jours de pluie, aller dîner à Paris, il prit une cuisinière & mangea chez lui.

Pendant l'automne, il essaya de se créer de nouvelles occupations. Mais quand vint l'hiver, Max fut contraint de se faire un aveu : il s'ennuyait!...

Sa vie, si remplie jusque-là, était devenue tout à coup solitaire & vide.

Max n'avait qu'un ami intime.

Le jour où il s'aperçut que l'ennui l'avait pris à la gorge, il écrivit à son ami pour le consulter.

Cet ami se nommait Horace. Il vivait beaucoup à la campagne, était grand chasseur & quelque peu misanthrope.

Un matin Max reçut de lui une lettre de deux lignes :

« Viens passer quatre ou cinq jours avec

« moi, disait Horace ; je crois avoir un re-
« mède à t'offrir. »

Max fit sa malle, dit adieu à sa collection, qui désormais était impuissante à remplir son cœur, & partit.

II

Horace était pour Max de Verne ce qu'on appelle un vieil ami.

Horace avait quarante ans.

C'était un garçon sobre de paroles, un peu triste, bienveillant & qui passait pour être de bon conseil.

Horace était riche. Il passait une grande partie de l'année à la campagne & habitait un petit castel en briques rouges, qu'on aperçoit à gauche de la voie du chemin de fer d'Orléans à Vierzon.

Sa propriété se nommait *la Sapinière*, à cause sans doute des bois de sapins qui l'entouraient.

Ce fut là que Max se rendit.

Il arriva un soir de février, à la tombée de la nuit, & trouva son ami Horace installé à la cuisine & chaussé de grandes bottes de marais.

Horace avait chassé toute la journée, & quand il vit entrer Max il lui dit en souriant :

— Tu le vois, je fais comme les chiens de chasse, je me délasse devant un grand feu.

On ne se chauffe bien qu'à la cuisine.

Les deux amis dînèrent en tête-à-tête, causèrent de choses & d'autres, & ce ne fut qu'après le café, lorsque Horace & Max se furent enveloppés de la fumée d'un cigare, que notre héros hasarda cette question :

— Eh bien! ce conseil...

— Quel âge as-tu ? demanda Horace.

— Trente ans.

— Quel est ta fortune?

— J'ai augmenté mon revenu d'un grand tiers.

— Mais... encore?

— J'ai trente-deux mille livres de rente.

— Bon! & tu t'ennuies?

— A mourir.

— Depuis quand?

— Depuis que j'ai quitté mon cher appartement de la rue la Madeleine.

— Ah! Et Aurélie?

Aurélie était une folle créature qui avait joué un certain rôle dans l'existence de Max de Verne.

— Peuh! fit-il, je l'ai perdue de vue.

— Très-bien. Veux-tu te marier?

Ces quatre mots firent d'abord bondir notre héros, puis ils le plongèrent en une stupéfaction profonde.

Horace répéta froidement :

— Veux-tu te marier?

— Mais... mais... balbutia Max abasourdi, quelle drôle d'idée as-tu là?

— C'est le conseil que tu m'as demandé.

Tu as trente ans & tu t'ennuies, c'est le moment ou jamais!

— Cependant...

— Que dirais-tu d'une fille de vingt ans, assez belle, spirituelle, un peu artiste, riche & bien née?...

Max ne revenait pas de son étourdissement.

Horace continua :

— Elle est grande, mince, blonde. Elle monte à cheval, est bonne musicienne & fait une peinture agréable. Cela te va-t-il?

Max était toujours muet; il croyait rêver.

— Je crois même, poursuivit Horace, qu'elle adore les porcelaines & les potiches.

Max étouffa un cri.

— Alors j'épouse, dit-il.

— Ta! ta! ta! fit alors Horace; tout à l'heure il fallait te pousser, & voici que tu es trop pressé maintenant.

— Pourquoi cela?

— Mais, cher ami, parce que la petite

ressemble un peu. trop à un trésor gardé par un dragon.

— Ah!

— Le dragon est représenté par un vieux père, ancien colonel de profession & qui a juré ses grands dieux qu'il ne donnerait sa fille qu'à un militaire.

— Diable!

— Ce qui fait qu'il faudra faire un siége, & ceci n'est pas le plus vilain côté de ton aventure.

— Tu crois?

— Dame! puisque tu t'ennuies...

— C'est juste, cela m'amusera. Et où est cette jeune fille?

— Tout près d'ici.

— Mais... encore?

— Dans un château du voisinage.

— Pourrai-je la voir?

— Sans doute.

— Où?

— Ah! voilà ce que je ne sais pas encore; mais d'ici à demain j'aviserai.

— Tu ne connais donc pas le père?

— Beaucoup, au contraire.

— Alors pourquoi ne me présentes-tu pas? c'est le plus simple.

— Mais, cher ami, dit Horace, si je connais beaucoup le père & s'il me reçoit, c'est que j'ai quarante ans.

— Eh bien?

— Et que je lui ai donné, en outre, ma parole que je voulais demeurer garçon. Mais toi, on te fermerait la porte au nez.

— Vraiment?

— Le colonel se lève la nuit & fait le tour de son parc, s'imaginant que quelque amoureux rôde sous les fenêtres de sa fille.

— Mais enfin il songe à la marier.

— Oui, mais le futur n'est pas prêt.

— Que veux-tu dire?

— Ah! dit Horace en riant, ceci est une histoire presque fantastique.

— Conte-la-moi.

— Soit. Figure-toi que le colonel est séparé de sa femme & qu'il n'a ni parents ni amis au monde. Cela tient un peu au hasard, un peu à son aimable caractère. Il est grognon, bourru, ombrageux & avare.

— C'est engageant, ma foi!

— Oui, mais il est apopleƈtique, & je gage qu'il fera le bonheur de son gendre en mourant d'un coup de sang, le lendemain du mariage de sa fille.

— Va pour la perspeƈtive! Après?

— Donc, le colonel n'a pas de parents, pas d'amis, pas de relations. Je suis le seul voisin avec lequel il vive. En sorte qu'il ne suffit pas de dire : « Je marierai ma fille à un militaire, » il faut que ce militaire soit trouvé.

— Eh bien?

— Attends donc. Pendant la guerre d'Italie, le colonel a trouvé dans le *Moniteur* la nomination au grade de capitaine du fils de l'un de ses anciens compagnons d'armes. Le jeune homme s'était bien conduit, il était décoré. « Pardieu! s'est écrié le colonel, voilà mon affaire. Aussitôt qu'il sera chef de bataillon j'en ferai mon gendre. » Et il lui a écrit en conséquence.

— Et il ne l'a jamais vu ?
— Jamais.
— Ni sa fille?
— Encore moins.
— Pardieu ! s'écria Max, ton colonel est un singulier original, & décidément je crois que je vais m'amuser tout de bon à faire la cour à sa fille.

— C'est demain que nous commençons les opérations du siége, dit Horace en riant. Et maintenant, comme tu dois être las, allons nous coucher!

. . . .

Max se mit au lit & il oublia ses potiches, ses porcelaines & ses faïences, pour ne songer qu'à cette blonde fille victime de la jalousie paternelle...

La jeune fille dont Horace avait fait le portrait à son ami Max de Verne se nommait Mélanie.

Son père le colonel s'appelait le baron de Verrières.

Au physique, c'était un homme de taille moyenne, que l'usage du cheval avait doté d'un riche embonpoint.

Il était rouge comme un homard cuit, portait ses cheveux grisonnants coupés en brosse, avait la parole brève & dure, le geste brutal, la démarche saccadée.

Au moral, c'était un esprit chagrin, ennuyé, frondeur, taquin.

Il n'aimait pas les jeunes gens, parce qu'il n'était plus jeune; il avait un profond mépris pour les gens du monde, parce qu'il n'avait jamais su entrer dans un salon.

Il n'aimait pas la chasse & traitait les chasseurs de braconniers, par l'unique raison qu'il manquait un lièvre à vingt pas & un perdreau à trente mètres.

Le baron de Verrières avait été un officier très-brave & un exécrable colonel, punissant à tort & à travers, tyrannisant son lieutenant-colonel, molestant ses chefs de bataillon, traitant les sous-lieutenants du haut en bas, — se plaignant journellement du ministre de la guerre qui ne le faisait pas général, & disant du matin au soir que, s'il avait à recommencer sa carrière, il se ferait plutôt épicier ou marchand de limousines que militaire.

Ce qui ne l'avait point empêché, lorsqu'il fut rendu par l'âge à la vie civile, de regretter son métier & de faire le serment d'avoir un officier pour gendre.

Horace, l'ami de Max de Verne, savait à quoi s'en tenir là-dessus.

Le château que le colonel habitait était situé au milieu d'une vaste sapinière qu'il avait plantée lui-même. Cette plantation était peut-être la seule chose qu'il aimât.

La Renaudière, — c'était le nom de cette habitation, — était une vieille construction, moitié château, moitié villa, mal entretenue, très-mal meublée, à l'exception toutefois de l'appartement occupé par mademoiselle Mélanie.

On ne savait pas au juste si le colonel aimait sa fille. Il la traitait comme son régiment.

Cependant, au milieu de tous ses défauts, le colonel avait une qualité : il n'était pas avare ; & c'était d'autant plus merveilleux qu'il habitait à quelques lieues seulement d'une assez grande ville où l'avarice a des autels & où il est convenu que l'homme qui dépense son revenu est tout simplement fou à lier.

Le baron de Verrières battait son valet de chambre, mais il le payait largement ; il laissait les clefs de la cave à la cuisine, &, quand il venait à Paris, il ne lésinait point sur les pourboires des cochers & des domestiques.

Il était charitable & donnait beaucoup aux pauvres ; mais il faisait tout cela en jurant, pestant, tempêtant...

Jamais il n'avait refusé d'argent à sa

fille, & Mélanie dépensait beaucoup.

Seulement, chaque fois qu'il posait un rouleau de louis sur sa table à ouvrage, il accompagnait cette libéralité de la phrase suivante :

— Dépense tout ce que tu voudras, amuse-toi comme tu l'entendras ; mais je te préviens que, si jamais tu regardes autrement qu'avec mépris un de ces petits jeunes gens qui ont les cheveux longs & pommadés & qui portent un verre de vitre dans l'œil, je te ferai enfermer, je te laisserai sans un sou, & tes plus beaux vêtements deviendront d'infâmes guenilles !...

Et, cette tirade débitée, le colonel s'en allait en fermant les portes avec fracas.

Un jour une contestation de limites survenue avec ses fermiers & ceux d'Horace lui avait fait faire la connaissance du vieux garçon.

Horace était aimable, bon vivant, il buvait sec &, chose fabuleuse! il plut au colonel, à qui personne ne plaisait d'ordinaire.

Horace l'invita à déjeuner. Le colonel accepta.

Horace avait une des meilleures caves de l'Orléanais.

— Ventrebleu ! lui dit le colonel, vous avez de fameux vin, & si vos liqueurs sont assorties...

Une bouchée de pâté avait absorbé la fin de la phrase.

Au café, le cognac acheva la conquête du colonel.

Il mit ses deux coudes sur la table, — ce qui était chez lui une marque de contentement suprême, — & il regarda Horace :

— Parlons raison, lui dit-il, & jouons cartes sur table.

— De quoi s'agit-il? fit Horace.

— Quel âge avez-vous?

— Quarante ans.

— Vous êtes garçon?

— Oh ! à toujours...

— Vous n'avez jamais songé à vous marier ?

— Jamais !

— Vous n'y songerez jamais ?

— Jamais !

— Vrai ?

— Sur l'honneur !

— Alors topez là, dit le colonel.

— Ah ça ! dit Horace, pourquoi diable me demandez-vous cela ?

— Parce que j'ai une fille.

— Je le sais, je l'ai vue, elle est charmante. Mais... soyez tranquille, mes opinions sur l'institution appelée le mariage m'empêcheront toujours de lui faire la cour.

— Vous me le jurez ?

— Sans doute.

— Ah ! c'est que, voyez-vous, dit le colonel, vous êtes un charmant garçon ; mais vous êtes dans le civil, & j'ai fait le serment...

— Bon! je sais... on m'en a parlé... Vous voulez un militaire?

— Oui.

Le colonel ayant ainsi fait faire à Horace les serments les plus solennels, avait terminé l'entrevue par ces mots :

— Maintenant, venez me voir tant qu'il vous plaira. Votre couvert sera mis à la Renaudière, vous donnerez le bras à ma fille si ça vous plaît. Mais... Ah! diable! j'oubliais...

— Quoi donc encore?

— Vous ne me présenterez jamais vos amis. Il faut être prudent...

Horace avait fait ce nouveau serment, &, depuis lors, il était le seul voisin que le colonel reçût à la Renaudière.

Parlons à présent de mademoiselle Mélanie de Verrières.

Le portrait qu'en avait fait Horace était assez vrai.

Mélanie avait vingt ans; elle était blonde,

mince, un peu vaporeuse au moral & au physique.

Elle était musicienne, faisait une agréable peinture, montait bien à cheval & écrivait même, en ses loisirs, des lettres pleines d'esprit à ses anciennes amies de pension.

L'isolement claustral dans lequel elle vivait avait développé en elle une certaine imagination romanesque.

Malgré tout le soin qu'il prenait à lui vanter l'uniforme au détriment de l'habit bourgeois, le colonel n'était point parvenu à diriger les aspirations de sa fille vers cette honorable fraction des fiancés modernes qui commence au sous-lieutenant & finit au chef de bataillon.

Mélanie avait au fond du cœur une profonde aversion pour un amant en épaulettes.

Le colonel avait manqué de prudence : il laissait sa fille lire des romans.

Les romans de notre époque ont négligé

le côté épique, & d'ordinaire les héros qui s'y démènent sont des hommes de *turf* & de *sport*, & non point des guerriers.

Mélanie, elle aussi, avait fait un petit serment : elle s'était juré de résister aux volontés paternelles & de n'épouser que l'homme qui lui plairait.

Mélanie adorait déjà un idéal. Cet idéal, elle devait le rencontrer un soir, rôdant, comme un paladin, à la porte du château de la Renaudière ou dans les bois voisins.

Mélanie se disait souvent :

Il est impossible qu'il n'y ait pas dans les environs quelque beau jeune homme qui, m'ayant aperçue un jour, se soit épris de moi... & je l'attends !

Un soir Mélanie vit arriver Horace.

Horace venait, un fusil sur l'épaule, un lièvre dans sa carnassière, demander sans façon à dîner au colonel.

Horace avait le pouvoir de dérider la physionomie ordinairement nuageuse de l'ancien officier.

Ce jour-là le colonel s'était mis en colère à sept heures du matin, en ouvrant son journal & apprenant que la paix était faite avec la Chine.

M. le colonel baron de Verrières n'aimait pas voir rentrer au fourreau l'épée de la France !

— Une nation qui vit en bonne intelligence avec tout le monde, se disait-il, est une nation en décadence.

L'arrivée d'Horace le calma.

Il se mit à table, mangea de bon appétit & fit si bien raison à son hôte que vers la fin du dîner il était passablement ébriolé.

Quand il fut revenu au salon, le colonel se replongea dans son grand fauteuil, au coin du feu, prit son journal & ne tarda point à s'endormir.

Horace & Mélanie s'étaient mis à jouer aux échecs.

La jeune fille avait pris le vieux garçon en grande amitié.

Il était, du reste, l'unique visiteur qui

eût le droit de franchir le seuil de la Renaudière; & Mélanie s'ennuyait si prodigieusement en compagnie de son père, qu'elle aurait voulu pouvoir garder Horace chaque jour du matin au soir.

Le jeu d'échecs est silencieux d'ordinaire.

Cependant, lorsqu'un bruit majestueux & sonore vint avertir Mélanie & son partenaire que le colonel était parti pour le pays des songes, Horace posa un coude sur l'échiquier, mit un doigt sur sa bouche & fit à Mélanie un petit signe d'intelligence.

Mélanie tressaillit.

— Lorsque monsieur votre père s'endort après dîner, lui dit Horace, est-ce sérieux?

— Oh! très-sérieux, répondit la jeune fille en souriant. Il dort pendant une heure sans faire un mouvement, & je crois que le canon ne le réveillerait pas.

— Alors nous pouvons causer...

— Mais oui, fit Mélanie qui regarda curieusement le vieux garçon.

— Mademoiselle, lui dit Horace, vous savez que j'ai quarante ans sonnés & que j'ai juré de ne jamais me marier.

— Mais, monsieur...

— Par conséquent, si je vous parle *mariage*, vous me ferez tout de suite la grâce de croire qu'il ne s'agit nullement de moi...

Mélanie eut un battement de cœur.

— Mais d'un ami à moi, acheva Horace.

Cependant la jeune fille fit bonne contenance.

— Ah! dit-elle, vous avez un ami?

— Oui, mademoiselle.

— Et il va se marier?

— Oh! non, pas encore... mais il y songe sérieusement.

— Ah!

— Mais, à propos de mariage, fit Horace avec un sourire railleur, vous savez pourquoi le colonel s'est mis si fort en colère à propos de l'expédition de Chine qui se trouve terminée?

— Mon Dieu! répondit Mélanie, est-ce que mon père n'est pas toujours en colère?

— D'accord. Seulement il avait une raison...

— Vous croyez?

— Dame! M. de Vergniaules n'est-il pas en Chine?

— Eh bien!

— Or vous savez que M. de Vergniaules est ce jeune capitaine que le colonel n'a jamais vu, que vous ne connaissez ni d'Ève ni d'Adam, & que vous devez épouser...

Mélanie eut un petit mouvement de tête mutin & moqueur qui plut à Horace.

Cependant elle ne souffla mot.

Horace reprit:

— La paix étant faite, M. de Vergniaules va revenir capitaine, comme il était parti, ce qui retarde votre mariage indéfiniment peut-être.

— Dites donc *définitivement*, mon cher voisin.

— Hein?

Mélanie eut un sourire & un geste superbes.

— Tenez, monsieur Horace, dit-elle, regardez-moi bien; ai-je l'air d'une petite fille?

— Certes non; vous êtes une fort belle personne, & je vous crois dotée d'une grande volonté.

— Dame! fit-elle en souriant, je suis la fille de mon père & j'ai un peu hérité de son caractère entier. Mon père veut que j'épouse un militaire, & moi je ne veux pas.

— Allons! dit Horace souriant à son tour, je vois que nous allons pouvoir nous entendre...

— Que voulez-vous dire?

— J'ai donc un ami.

— Oui.

— Un ami qui veut se marier, continua Horace qui dédaignait les formes parlementaires usitées en ces sortes de négociations. Mon ami est jeune, beau garçon, assez riche, fort spirituel & n'est pas militaire; que diriez-vous d'un pareil mari?

Cette fois Mélanie ne put s'empêcher de rougir.

Horace tourna la tête & regarda le colonel.

Le colonel dormait toujours.

— Mon ami est chez moi... poursuivit Horace, & je voudrais pouvoir vous le présenter.

— Oh! fit la jeune fille avec une sorte de terreur, vous savez bien que c'est impossible.

— Ici, oui. Mais... ailleurs?

— Mais où? fit Mélanie qui était devenue toute tremblante.

— N'avez-vous pas une... amie?

— Madame Arnaud, la veuve du notaire?

— Justement.

— Mais je ne vais chez elle que fort rarement.

— Qu'importe?

— Et puis... Oh! mais je n'oserais jamais lui demander...

— Puisque c'est votre amie.

— Mais elle est veuve, & à quel titre votre ami pourrait-il se présenter chez elle?

— Ne vous inquiétez point de cela, mademoiselle, dit Horace en riant; je m'en charge.

— Mais...

— Quand pourrez-vous aller voir madame Arnaud?

— Quand vous voudrez.

— Demain, après votre déjeuner, alors?

Horace entendit un grand bâillement & un juron derrière lui :

— Animal que je suis! disait le colonel

qui venait de s'éveiller brusquement. J'ai du monde chez moi, & je dors comme une brute. Excusez-moi, voisin.

— Comment! fit Horace, vous avez dormi, colonel ?

— Mais oui...

— Je vous croyais lisant. D'ailleurs vous savez que le jeu d'échecs absorbe.

— C'est juste. Qui a gagné ?

— Personne encore. Seulement je crains d'être battu.

— Ah ! c'est que ma fille est très-forte. C'est mon élève, dit le colonel avec orgueil.

Horace & Mélanie avaient échangé un regard.

Le rendez-vous était pris pour le lendemain. Mélanie consentait à voir l'ami d'Horace.

III

Le village voisin du château de la Renaudière s'appelait Saint-Nicolas-sous-Bois.

C'était là que demeurait madame Arnaud, veuve du notaire.

Saint-Nicolas est un pauvre *bourg*, comme on dit en Sologne & dans l'Orléanais, d'une centaine de feux environ

Une église romane, qui renferme des tombeaux mérovingiens, est la seule curiosité qu'on y rencontre.

L'église domine une place sur laquelle s'élèvent quelques tilleuls souffreteux.

En face de l'église est la mairie; à

gauche de la mairie, une maison blanche, proprette, à deux étages de façade, précédée d'une petite cour que clôt une grille de bois peint en gris, suivie d'un assez vaste jardin fruitier & potager, au bas duquel coule une petite rivière *enfièvrée*.

En Sologne, tous les cours d'eau, toutes les rigoles, toutes les mares donnent la fièvre.

Cette maison était celle de feu maître Arnaud, notaire à Saint-Nicolas. Le notaire était mort dans les derniers jours du mois d'octobre précédent; il avait été emporté par une maladie de poitrine.

C'était un tout jeune homme de vingt-sept ou vingt-huit ans peut-être, que la mort avait surpris alors qu'il faisait, comme tous les poitrinaires, des rêves d'avenir.

Il laissait derrière lui une veuve & un enfant de trois ans.

Maître Arnaud n'avait pas encore de successeur.

Un clerc gérait l'étude, en attendant qu'elle fût vendue ; ce qui ne pouvait tarder, attendu que le notaire n'avait point achevé de la payer & ne laissait derrière lui aucune fortune.

Horace avait été le client de maître Arnaud.

Quand le notaire mourut, le vieux garçon, qui était un homme de cœur, se douta de la triste position dans laquelle il laissait sa veuve, & il alla voir cette dernière & lui vint en aide avec une telle délicatesse qu'il fut impossible à cette dernière de refuser.

— J'avais confié, madame, lui dit-il, quelques milliers de francs à feu M. Arnaud, pour qu'il me trouvât un placement. Je vous serais bien reconnaissant de les garder & de vous en servir au besoin en les hypothéquant sur l'étude.

Le jour où Horace avait fait cela, il avait peut-être sauvé la pauvre veuve & l'orphelin d'une misère prochaine.

Aussi, lorsque le vieux garçon avait dit à Mélanie de Verrières : « Je me charge de madame Arnaud, & je vous promets qu'elle consentira à recevoir mon ami, » il n'avait fait que compter sur la reconnaissance de la veuve.

Or donc, le lendemain matin, quand notre héros Max de Verne s'éveilla, il apprit que son ami Horace était déjà sorti.

— Est-ce qu'il est à la chasse? demanda-t-il.

— Non, monsieur, lui répondit un valet, M. Horace est allé à Saint-Nicolas.

— Qu'est-ce que Saint-Nicolas?

— Le village voisin.

— Ah ! fit Max avec indifférence.

Puis il avala un verre de genièvre, prit un fusil & s'en alla tuer des perdrix rouges dans la sapinière voisine, en attendant le retour de son hôte.

Horace revint à l'heure du déjeuner.

Max était impatient de le voir & de causer avec lui.

La veille au soir ils avaient échangé quelques mots à peine.

Horace lui avait dit en arrivant de chez le colonel :

— Ton affaire va bon train, mais je ne puis t'en rien dire jusqu'à demain.

— Pourquoi ?

— Parce qu'il faut voir demain une personne sur le concours de laquelle je compte énormément.

Max, en apprenant que son ami était allé à Saint-Nicolas, avait supposé tout de suite que c'était pour y voir la personne dont il lui avait parlé la veille.

Horace revenait en effet de chez madame Arnaud.

— Victoire, mon ami ! dit-il à Max en se mettant à table.

— Que veux-tu dire ?

— Je t'ai ménagé une première entrevue.

— Avec la fille du colonel ?

— Parbleu !

— Et où cela ?

— Chez la veuve du notaire de Saint-Nicolas, qui est assez liée avec mademoiselle Mélanie & qui fait parfois de la musique avec elle.

— Tu vas donc me présenter chez la veuve ?

— Non, tu es annoncé, tu te présenteras tout seul.

— Quand ?

— Mais tout à l'heure, quand nous aurons déjeuné. Tiens, regarde par la fenêtre, vois-tu ce sentier bordé de genévriers ?

— Oui.

— Eh bien, tu le suivras jusqu'au bout. Il te mènera jusqu'au village. Le clocher te guidera jusqu'à la place. A gauche de l'église, tu verras une maison d'assez bonne apparence, la seule maison sérieuse de Saint-Nicolas. C'est celle où tu es attendu.

— Et j'y trouverai mademoiselle Mélanie ?

— C'est probable.

— Mais, enfin, que dirai-je en entrant?

— Tu demanderas à voir madame Arnaud pour affaires.

— C'est bien, répondit Max, qui dès lors déjeuna de médiocre appétit.

Ce n'était point la dot de mademoiselle de Verrières qui séduisait notre héros. Max avait jusqu'à un certain point le mépris des richesses.

Mais Horace lui avait fait de la jeune fille un portrait qui devait forcément le séduire.

Et puis, d'ailleurs, à valeur égale, le trésor gardé par un dragon tentera toujours davantage que le trésor qu'on peut avoir sans obstacles.

— Bonne chance! lui dit Horace en le conduisant jusqu'à mi-chemin du village.

Max s'en alla par ce sentier bordé de genévriers & de bruyères, en proie à une véritable émotion, l'émotion de l'*inconnu*, la plus forte de toutes.

qu'un monsieur d'Orléans vient *pour l'étude?*

Depuis que l'étude était à vendre, madame Arnaud recevait journellement des visites de ce genre.

La servante crut avoir affaire à quelque notaire en herbe, & elle introduisit Max dans la maison, lui disant :

— Madame Arnaud est dans le jardin. Je vais la prévenir.

La servante poussa une porte devant elle, au rez-de-chaussée, & introduisit Max dans un petit salon où elle le pria d'attendre.

Puis elle sortit pour aller prévenir la veuve.

Max jeta un regard distrait autour de lui.

L'ameublement du salon était d'une grande simplicité, mais il y régnait un parfum de bon goût qui étonna tout de suite Max.

Un piano était ouvert.

Max s'approcha du pupitre & y trouva étalée une valse de Strauss.

— La veuve était donc musicienne ?

Dans l'embrasure des croisées deux grandes jardinières étaient pleines de fleurs.

Sur sa cheminée il y avait, en guise de pendule, un joli bronze de Barye.

Aux deux côtés du bronze s'étalaient deux potiches vraies & fort belles, comme seul un collectionneur sait en trouver.

Ceci alla au cœur de notre amateur de porcelaines.

Enfin il découvrit une aquarelle modestement accrochée dans le coin le plus obscur du salon. Il l'examina. C'était une copie fort remarquable d'un paysage de Rosa Bonheur.

L'aquarelle était signée : Marguerite Arnaud.

Non-seulement la veuve était musicienne, mais encore elle faisait de la fort bonne peinture.

Les croisées du salon donnaient sur le jardin.

Max colla son œil à la vitre, écartant à demi le store de mousseline.

Le jardin, bien tenu, était planté de grands arbres.

A vingt pas de la maison, un bel enfant de trois ans, blond, rose, charmant & potelé comme un petit saint Jean-Baptiste, les bras & les jambes nus, jouait au cerceau.

Dans le fond du jardin, une femme marchait à pas lents, se dirigeant vers la maison par une petite allée circulaire.

Elle lisait.

Max comprit tout de suite que c'était madame Arnaud & que la servante avait dû prendre par une allée opposée pour l'aller chercher, de telle sorte que la veuve n'était point prévenue encore de l'arrivée de son visiteur.

Max braqua son lorgnon dans son œil droit & se prit à examiner la veuve.

Comme elle baissait la tête, il ne pouvait voir son visage ; mais il remarqua qu'elle était grande, svelte, admirablement prise en sa taille & qu'elle avait une démarche aristocratique.

Il aperçut en outre un pied mignonnement cambré, une petite main blanche, allongée, — une vraie main de pianiste.

Tout à coup l'enfant qui jouait vint à sa rencontre & se pendit à son cou.

Alors Max étouffa un cri de surprise & presque d'admiration.

Madame Arnaud était belle d'une beauté hardie & distinguée.

Elle avait de grands cheveux noirs roulés en torsades, un nez fièrement busqué, de grands yeux bleus, un teint blanc & mat, un large front intelligent.

Et, comme s'il eût eu honte de cet innocent espionnage, il quitta vivement la croisée & alla s'asseoir au coin de la cheminée.

En ce moment la servante, qui avait inutilement fait le tour du jardin, rejoignit sa maîtresse & la prévint de l'arrivée de Max.

Alors madame Arnaud doubla le pas, & Max la vit bientôt apparaître sur le seuil du salon.

Max s'était levé & se tenait respectueusement debout.

La veuve l'accueillit avec un sourire triste, l'invita d'un geste à s'asseoir, se plaça vis-à-vis de lui dans un fauteuil & lui dit tout de suite, pour rompre la glace des premiers moments de cette bizarre entrevue :

— M. Horace, votre ami, que j'ai vu ce matin, monsieur, m'avait annoncé votre visite.

Max s'inclina.

Il regardait madame Arnaud & la trouvait merveilleusement belle sous sa robe de laine noire.

La veuve continua avec un accent de tristesse qui fut sympathique au jeune homme & fit vibrer en lui une corde muette jusque-là.

— M. Horace m'a fait part de ses projets, monsieur.

— Ah! dit Max avec distraction.

— Et je vous avouerai, dit-elle en s'efforçant de sourire, qu'il m'a fallu puiser dans la reconnaissance que je lui dois & dans l'amitié que j'éprouve pour mademoiselle Mélanie, le courage dont je fais preuve, monsieur, en prêtant les mains à cette petite supercherie.

— Mais, madame... fit Max un peu confus.

— Cependant, poursuivit la veuve, M. le baron de Verrières est un homme si étrangement original, & il rend sa fille si malheureuse, que c'est presque de la chevalerie que se prononcer contre lui.

La veuve soupira & ajouta avec un accent plus triste :

— Et puis je crois, en mon âme & conscience, qu'il faut toujours se prêter au bonheur de ceux qui peuvent encore être heureux.

Max tressaillit & surprit un regard voilé de larmes que la veuve adressait à un portrait placé entre les deux croisés & qu'il n'avait point aperçu.

C'était le portrait du mari défunt, sans doute.

A en croire cette peinture, c'était un jeune homme au regard intelligent, au visage amaigri par la souffrance, mais conservant les traces d'une beauté sympathique & nullement dépourvue de distinction.

La veuve se sentit devinée; elle imposa à sa douleur & reprit :

— Pourtant, monsieur, il ne faut pas vous faire de trop grandes illusions.

Max la regarda un peu surpris.

— Le colonel, poursuivit la veuve, est un si singulier homme! Il est entêté, absolu. Vous aurez beau aimer mademoiselle Mélanie, mademoiselle Mélanie aura beau vous aimer... si vous ne lui plaisez pas tout à fait, à lui, le colonel, il refusera son consentement.

Max ne répondit pas ; il regardait la belle veuve, dont la voix harmonieuse & triste remuait les fibres les plus cachées de son cœur.

— Mademoiselle Mélanie, reprit madame Arnaud, devrait être mariée déjà, si j'ai bien compris ce que M. Horace m'a dit.

— Peut-être aura-t-elle été retenue par quelque circonstance imprévue, dit Max avec une certaine indifférence.

Et puis il regarda le jardin par la croisée qu'un souffle de vent avait entr'ouverte.

— Vous avez de bien beaux arbres, madame, dit Max sans penser à mal & sans songer qu'il allait, d'un mot, renouveler toutes les douleurs de la pauvre femme.

— Hélas! monsieur, dit-elle d'une voix émue, je n'ai plus longtemps à en jouir...

— Vous quittez cette maison? demanda Max vivement.

— Dans un mois, monsieur. L'étude de

feu mon mari est vendue depuis deux jours, & la maison avec elle.

Max baissa la tête & se tut.

La veuve ajouta avec la simplicité de la douleur :

— Mon pauvre mari était trop jeune pour songer qu'il abandonnerait sitôt ce monde, & il n'a pas eu le temps d'assurer l'avenir de son enfant.

« Nous étions sans fortune tous deux, nous nous sommes mariés parce que nous nous aimions.

« Il était maître clerc chez un notaire de Paris. Je sortais de Saint-Denis, où j'avais été élevée aux frais de l'État, comme fille d'un ancien militaire.

« Cette étude était à vendre, mon mari l'acheta. Nous n'étions pas assez riches pour habiter Paris...

« Hélas! acheva la veuve, il n'avait point pensé en venant ici que sa santé délicate ne pourrait résister à ce climat fiévreux & meurtrier... »

— Mais, madame, dit Max ému à son tour de cette douleur si noblement, si franchement exprimée, si vous quittez ce pays, où irez-vous ?

— En Bourgogne, où j'ai une vieille tante qui a une modeste aisance.

« Nous vivrons ensemble, & je tâcherai d'élever mon fils pour en faire un homme. »

Comme elle prononçait ces derniers mots avec un véritable orgueil de mère, la porte s'ouvrit & l'enfant entra.

En apercevant l'étranger, il s'arrêta un moment indécis sur le seuil.

— Viens, mon enfant, dit la veuve, viens dire bonjour à monsieur.

Et l'enfant s'approcha avec la hardiesse charmante de ses trois années ; il envoya un baiser à Max avec sa petite main potelée & rose ; puis il monta sur les genoux de sa mère & lui jeta ses deux bras autour du cou.

. . . .

Et cependant l'aiguille de la pendule

marchait & marquait trois heures & demie.

Mademoiselle Mélanie ne venait pas.

Madame Arnaud & Max continuèrent à causer pendant une heure encore.

Le soleil, qui glissait à la cime des grands arbres du jardin, disparut.

Max attendait toujours; ou plutôt il éprouvait un charme irrésistible dans la compagnie de cette femme si belle, si simple, si noblement résignée.

Mais elle lui dit enfin :

— Décidément, monsieur, je crois que mademoiselle Mélanie ne viendra pas. Il est près de quatre heures & demie.

« Peut-être est-il arrivé quelque étranger à la Renaudière, peut-être le colonel aura-t-il eu quelque accès d'humeur & défendu à sa fille de sortir.

« Il faut trois bons quarts d'heure à pied, de la Renaudière ici. Mademoiselle Mélanie, si elle venait maintenant, n'aurait point le temps de s'en retourner pour le moment du dîner. »

Max, qui partageait cette opinion de la veuve, comprit qu'il devait se retirer.

Il se leva & prit son chapeau.

— Mais, lui dit-elle encore avec un sourire, M. Horace va journellement à la Renaudière, & ce qui est différé n'est pas perdu. Probablement mademoiselle Mélanie viendra demain. Au revoir, monsieur...

Ce fut avec une véritable émotion que Max prit congé de la veuve, qui le reconduisit jusqu'à la grille de sa maison.

Il s'en alla tout pensif par le petit chemin bordé de bruyères & de genévriers, & Horace, qui l'attendait au seuil de sa maison, le voyant revenir ainsi à pas lents & le front penché, ne put s'empêcher de lui dire :

— Ah ça! mais tu la trouves donc laide?
— Qui donc?
— Hé! mademoiselle Mélanie de Verrières, pardieu!

— Je ne l'ai pas vue.

— Hein? que dis-tu?

— Je dis, répéta Max en regardant son ami, que j'ai attendu près de trois heures chez madame Arnaud.

— Et elle n'est point venue?

— Pas que je sache!

— C'est bizarre, murmura Horace qui se méprit sur le véritable motif de la rêverie de son ami. Je comprends maintenant, mon cher, que tu prennes des attitudes d'*âme en peine.*

Et Horace, fronçant le sourcil, ajouta :

— Pour qu'elle ne soit pas venue, il faut qu'il soit arrivé quelque chose d'extraordinaire à la Renaudière... Pourvu que le colonel ne se doute de rien!...

Max était toujours rêveur, & peut-être n'était-ce point à mademoiselle Mélanie de Verrières qu'il songeait.

IV

Ce jour-là M. le colonel baron de Verrières s'était éveillé de fort méchante humeur, ce qui, du reste, lui arrivait assez souvent, sinon à peu près tous les jours.

Quand M. de Verrières était *mal entrain*, comme on dit aux bords de la Loire, il éprouvait le besoin de s'en prendre à quelqu'un ou à quelque chose.

Ce fut sa fille qui, ce matin-là, fut la victime vouée à sa mauvaise humeur.

Il entra chez elle tandis qu'elle faisait sa toilette, & lui chercha querelle sous le prétexte qu'elle ne se montrait pas d'une amabilité parfaite avec son voisin Horace.

Mélanie connaissait trop bien son père pour prendre au sérieux un tel reproche, qui, du reste, n'avait aucune raison d'être.

Elle ne prit point la peine de se disculper, & M. de Verrières se fâcha sans trouver d'écho.

Il renversa une chaise, cassa un pot de fleurs & se dirigea majestueusement vers la porte, sans que Mélanie eût fait un geste ou dit un mot pour le retenir.

Mais, comme il allait sortir de chez sa fille, le colonel aperçut un volume sur une table.

C'était un joli volume couleur beurre frais, — un roman...

— Sacrebleu! s'écria le baron, je vous y prends, mademoiselle, vous lisez des romans!... une lecture détestable qui corcompt le cœur & l'esprit... C'est dans ces livres abominables que... qui... Enfin! je sais ce que je dis!...

Et M. de Verrières, qui était à bout d'éloquence & d'indignation, mit le volume dans sa poche & faillit briser la porte en la fermant derrière lui.

Puis il descendit dans le parc.

Il était alors huit heures du matin & le colonel se calmait généralement à ce moment-là, parce que le facteur rural arrivait & lui apportait son journal, le *Constitutionnel*.

Ordinairement il allait à la rencontre du courrier qui arrivait à travers le parc, & ce jour-là il fit comme à l'ordinaire.

Mais le train qui apporte les dépêches & traverse la Sologne se trouva précisément en retard ce matin-là, &, par suite, le facteur.

M. de Verrières était allé jusqu'au bout du parc, avait ouvert la grille & pris, au delà, un petit sentier qui venait du bourg & que le modeste fonctionnaire des postes suivait ordinairement.

M. de Verrières arriva ainsi jusqu'aux premières maisons du village & ne rencontra personne.

Alors il s'assit au revers d'un fossé, mit, par distraction, les mains dans sa poche & en retira le volume beurre frais qu'il avait pris sur la table de sa fille.

Jamais le colonel n'ouvrait un livre, il avait surtout horreur des romans & prétendait que les gens de lettres sont des saltimbanques & ne sauraient jamais porter un uniforme.

Cependant, l'occasion aidant, & vaincu par le désœuvrement & l'impatience, M. de Verrières se mit à feuilleter le volume qu'il avait à la main. Le titre l'intrigua : *Un Père intraitable !*

Alors il se mit à lire, &, sans y prendre garde, il arriva au cinquième chapitre :

— Hé ! hé ! dit-il en riant, — ce qui était aussi rare chez lui que les beaux jours en novembre, — il faut convenir que ces *écrivassiers* ont de singulières idées ! C'est drôle, cela, c'est fort drôle !

Et il allait commencer le sixième chapitre lorsqu'un bruit de pas lui fit lever la tête, & soudain il fronça le sourcil.

Ce n'était point le facteur, mais un jeune homme grand, mince, blond, vêtu d'une redingote boutonnée jusqu'au menton & ornée d'un ruban de la Légion d'honneur. Mais le colonel ne vit pas d'abord ce ruban, parce qu'il était à demi caché par un paletot blanchâtre à collet de velours gris, passé par-dessus la redingote.

En voyant un jeune homme qui semblait prendre le chemin de la Renaudière, M. de Verrières fronça démesurément les sourcils :

— Qu'est-ce que ce *paltoquet?* se dit-il.

— Pardon, monsieur, dit poliment le jeune homme en arrivant près de lui & le saluant.

— Qu'est-ce que vous voulez? demanda le colonel en fermant son livre avec humeur.

— N'est-ce point là le chemin de la Renaudière?

— Pardon, mais...

Et le colonel toisa le jeune homme.

— La terre du colonel de Verrières?

— Oui, qu'est-ce que vous allez y faire, jeune homme?

Et le colonel, se levant, prit une attitude olympienne & menaçante.

Mais le jeune homme, peu ému, répondit avec calme :

— Monsieur, je vais à la Renaudière faire une visite à M. le colonel de Verriers & lui demander la main de sa fille.

Ces mots firent bondir le colonel en arrière.

— Vous êtes complétement fou ! dit-il. Si vous désirez faire une visite au colonel, libre à vous. Il est inutile même que vous alliez jusqu'à la Renaudière. Asseyez-vous là & causons ; le colonel, c'est moi.

— Je m'en doutais, répondit le visiteur sans s'émouvoir. Bonjour, colonel.

— Monsieur, dit le colonel d'un ton bourru, je ne reçois jamais personne, & e suis fort étonné de votre visite. Si elle a pour but la main de ma fille, je crois que vous pouvez prendre congé de moi. La séance est levée.

— Pardon, monsieur le baron, répliqua l'officier, vous devriez attendre, au moins, que je vous eusse décliné mon nom.

— Oh! votre nom, monsieur, ne fera rien à l'affaire...

— Bah!

— Et fussiez-vous le roi de Prusse...

— Pas tout à fait. Je ne suis qu'un pauvre chef d'escadron d'artillerie, du nom de Max de Vergniaules, ajouta le jeune homme en souriant.

Le colonel poussa un cri, recula d'un pas encore, passa par toutes les couleurs de l'arc-en-ciel, voulut parler & fut saisi d'une telle émotion qu'il ne put ouvrir la bouche.

Mais le jeune homme, toujours calme, toujours souriant, continua :

— La façon dont vous m'avez reçu, colonel, me charme & me prouve que vous m'avez fidèlement gardé ma femme.

Et il lui tendit la main.

Le colonel la prit, la serra & put enfin s'écrier :

— Comment ! c'est vous ?

— Parbleu ! dit le jeune homme ; ai-je donc l'air d'un pékin ?

Et il montrait son ruban rouge.

— Mais...

— J'arrive de Chine, j'ai été fait commandant hier matin, &, vous le voyez, j'accours. Maintenant, cher beau-père futur, prenez mon bras & venez me présenter à ma *future*.

— Oh ! diable ! fit le colonel, comme vous y allez !

— Hein ?

— Ta ! ta ! ta ! vous êtes trop pressé...

— Comment ! vous vous rétractez ?

— Nullement. Vous êtes plus que jamais mon gendre, car vous me plaisez infiniment.

— Eh bien, alors ?

— Mais, voyez-vous, Mélanie est une petite personne difficile à vivre... & il faut des ménagements avec elle... il faut la préparer.

— Cependant elle doit être prévenue...

— Non, pas précisément. Ah ! ventrebleu ! dit le colonel, il me vient une fameuse idée.

— Laquelle ?

— Tenez, asseyez-vous là... je veux vous dire une histoire.

— Mais, colonel...

— Une histoire que je suis entrain de lire, tenez, là, dans ce livre...

— A quoi bon cette histoire ?

— Oh ! vous allez voir... Attendez... mettez-vous là...

Et il prit le bras de son futur gendre & le força à s'asseoir en lui disant :

— Que diable ! je suis votre supérieur, après tout !

4.

— C'est vrai, dit le jeune homme résigné.

Et il s'assit.

— Je vous écoute, murmura-t-il.

— Figurez-vous, dit alors le colonel, qu'il s'agit dans ce livre,—ils ont quelquefois de drôles d'idées, ces *écrivailleurs !* — d'une jeune fille un peu entêtée, un peu romanesque, à qui on veut faire épouser son cousin qu'elle n'a jamais vu & qu'elle a pris en grippe, justement parce qu'on lui en disait beaucoup de bien.

— Ah! diable! fit M. de Vergniaules, est-ce que je serais dans le même cas?

— Ma foi! dit le colonel qui était ce jour-là d'une lucidité merveilleuse, ce serait bien possible.

— Mais alors...

— Mille tonnerres! attendez donc... Si vous ne m'écoutez pas, nous n'aboutirons jamais...

— Pardon, je vous écoute.

— La jeune fille n'a jamais vu son cousin, pas plus que ma fille ne vous a vu.

— Bon!

— Alors on ourdit un petit complot. Le cousin se présente sous un nom supposé, il fait la cour à la fille, lui plaît...

— Je devine le reste.

— Eh bien! il faut faire comme cela.

— Allons donc!

— J'ai toujours dit à ma fille que je la déshériterais si jamais elle épousait un pékin. Mais ma fille est ma fille, c'est-à-dire qu'elle a un peu de mon caractère...

— Hum! fit le commandant avec un sourire demi-railleur.

— Et, acheva le colonel sans prendre garde au sourire, elle doit avoir comme moi l'esprit de contradiction.

— Eh bien! présentez-moi comme un pékin.

Et le commandant détacha son ruban rouge.

— Non pas, non pas, dit le colonel.

— Comment! vous ne voulez pas me présenter?

— Vous vous présenterez vous-même.

— Seul?

— Parbleu!

— Mais sous quel prétexte?...

— Vous vous donnerez un nom quelconque.

— Bon! Après?

— Vous lui direz l'avoir vue à Paris, être devenu amoureux d'elle; vous ajouterez que vous avez horreur d'un père barbare qui veut imposer un mari à sa fille, etc...

— Et vous croyez...

— Je crois que vous lui plairez tout de suite.

— Cependant...

— Il n'y a pas de cependant... Allez, mon cher, allez! dit le colonel en montrant du doigt les tourelles rouges de la Renaudière.

— Mais vous...

- Oh! moi, dit le colonel en se frottant les mains, je vais aller déjeuner chez un voisin, & je m'arrangerai de façon que ma fille le sache & ne m'attende pas. Comme ça vous aurez tout le temps!... Allez!

— Vous êtes un singulier homme! colonel, dit M. de Vergniaules en riant.

Et il prit le chemin de la Renaudière, tandis que le colonel s'éloignait dans une direction opposée.

V

Mélanie n'avait accueilli avec autant de calme & d'indifférence la *sortie* furibonde de son père que parce qu'elle se promettait bien d'avoir sa revanche.

La revanche de Mélanie, c'était l'entrevue indiquée pour deux heures chez madame Arnaud.

Aussi, quand le colonel fut parti, Mélanie se regarda dans la glace de sa toilette & s'adressa un de ces sourires dont, seules, les femmes ont le secret.

— Pauvre père ! dit-elle.

Elle se mit à la croisée & vit M. de

Verrières qui descendait dans le parc & longeait la grande allée.

— Allons, pensa-t-elle, il va à la rencontre du *Constitutionnel,* ça le calmera.

Elle jeta les yeux sur la pendule; la pendule marquait neuf heures.

C'était cinq heures à attendre.

— Voyons! se dit Mélanie, quelle toilette ferai-je? Je veux qu'il me trouve à son goût tout de suite.

De nouveau elle se regarda dans la psyché.

Ce meuble était un meuble de famille à cadre doré, dont, cent années auparavant, l'emploi quotidien était de refléter les cheveux poudrés, les lèvres couvertes de carmin, les sourcils délicatement noircis & les mouches assassines d'une chanoinesse de trente ans, la grand'tante maternelle de Mélanie.

Mélanie analysa sa beauté.

— Je suis blonde, se dit-elle, rien ne me sied mieux que le bleu. Je vais mettre cette robe que *Victorine* m'a envoyée la semaine dernière. J'emprisonnerai mes longs cheveux dans une résille également bleue, & je poserai par-dessus ce petit chapeau rond à plume blanche qui fait l'admiration des habitants de Saint-Nicolas.

Ce plan de toilette arrêté, Mélanie fit comme les femmes de théâtre, elle voulut se donner une répétition.

Donc elle passa la robe bleue, natta ses grands cheveux, les enferma dans la résille & posa coquettement le petit chapeau rond à plume blanche sur le sommet de sa tête.

Après quoi elle se regarda pour la troisième fois dans la glace de la psyché & se trouva charmante.

— Il peut venir, se dit-elle.

Et comme elle soupirait en jetant un nouveau coup d'œil sur la pendule, qui lui semblait marcher avec une lenteur désespérante, elle alla s'accouder à sa fenêtre...

Soudain elle tressaillit.

Un jeune homme remontait la grande allée...

— O mon Dieu! murmura Mélanie.

Le jeune homme était grand, mince, blond, & ressemblait si fort à celui dépeint par le voisin Horace que Mélanie sentit son cœur battre à outrance.

— C'est lui! se dit-elle.

Son émotion fut si vive qu'elle se rejeta précipitamment en arrière & alla, pour ainsi dire, se blottir dans un coin de sa chambre.

Et puis, tout à coup, elle songea à son père :

— Ah! se dit-elle, juste ciel! que va-t-il donc arriver?

L'angoisse de Mélanie était telle qu'elle n'osa se remettre à la croisée; mais au bout de deux minutes elle entendit des pas qui montaient l'escalier, & son cœur cessa de battre.

On frappa à la porte; Mélanie fit un effort surhumain pour répondre :

— Entrez !

— Mademoiselle, dit le valet, je viens d'introduire au salon un monsieur qui demande à vous voir.

— Vous vous trompez sans doute, Baptiste, murmura Mélanie; c'est à mon père que ce monsieur en a.

— Non non, dit le valet; c'est à mademoiselle elle-même.

— C'est bien, je descends...

Le valet parti, Mélanie demeura quelques minutes encore dans sa chambre pour se remettre de son trouble.

Puis, lorsqu'elle fut un peu plus calme, elle descendit.

Le visiteur se promenait dans le grand salon de la Renaudière, lorgnant d'un œil distrait les portraits de famille accrochés au mur.

Le froufrou d'une robe le fit se retourner.

Mélanie était sur le seuil; & certes la

jeune fille était assez belle pour produire sur lui une véritable sensation.

Mademoiselle de Verrières, si émue tout à l'heure, avait repris tout son calme. Elle s'avança souriante vers le jeune homme, que d'un coup d'œil elle inventoria des pieds à la tête & trouva fort de son goût.

Celui-ci fit deux pas en avant, non sans un certain trouble.

— Pardonnez-moi mon audace, mademoiselle, dit-il, mais j'ai obéi à un sentiment presque irrésistible.

— Ah! monsieur, répondit Mélanie, quelle imprudence vous avez commise!...

— Une imprudence!... fit le jeune homme un peu surpris.

— Mais, monsieur, murmura Mélanie, mon père peut rentrer d'un moment à l'autre.

— Oh! non, il est... au village...

Et le visiteur se dit en lui-même.

— Ah ça! mais elle paraissait s'attendre à ma visite!

Puis tout haut :

— Je vous ai rencontrée, aperçue du moins, deux fois à Paris, l'hiver dernier...

— Vraiment! exclama Mélanie après avoir avancé un siége au jeune homme. Tiens! M. Horace ne m'avait point dit cela!...

— Horace? fit le jeune homme surpris.

— Oui certes, dit Mélanie qui se méprit; notre voisin M. Horace, votre ami, qui m'avait annoncé votre visite chez madame Arnaud, aujourd'hui, à deux heures.

— Ah! diable! murmura le commandant de Vergniaules, voici, ce me semble, un assez joli *quiproquo*. Allons jusqu'au bout.

Et il dit tout haut, en regardant tendrement Mélanie :

— Horace est un étourdi...

— Mais, monsieur, s'écria la jeune fille, savez-vous bien que vous êtes d'une imprudence extrême?

— Je vous aime, balbutia le commandant, qui crut devoir mettre un genou en terre.

— Oh! fit Mélanie toute rougissante... mais mon père va rentrer, monsieur...

— Qu'importe!

— Et s'il vous trouve ici?... Ah! je frémis en y songeant...

M. de Vergniaules souriait.

— C'était si long, dit-il à tout hasard, d'attendre jusqu'à deux heures...

Elle lui rendit son tendre regard & poursuivit :

— Mais vous ne savez pas, monsieur, que mon père est un homme dur & entêté...

— Un tyran, je le sais.

— Qui veut me marier à sa guise... avec un officier... un traîneur de sabre... un homme que je n'ai jamais vu, mais pour qui, je le sens, j'éprouve une aversion insurmontable.

— En vérité! dit le commandant qui se prit à sourire.

— Et si mon père vous trouvait ici... Oh! tout serait perdu par avance... Ciel! acheva Mélanie en pâlissant.

— Qu'avez-vous, mademoiselle?

Mélanie se leva éperdue.

— J'entends la voix de mon père! dit-elle.

— C'est impossible! murmura le commandant qui se souvenait que M. de Verrières lui avait dit : « Je vais déjeuner chez un voisin. »

— C'est lui! répéta Mélanie avec terreur, en étendant la main vers la croisée entr'ouverte qui donnait sur le parc.

En effet, c'était M. de Verrières qui revenait, en pestant & jurant, & suivi par un homme coiffé d'une casquette de drap bleu à visière vernie, sur le galon de laquelle on lisait le mot : *Messageries*.

Cet homme avait un sac d'argent d'une main, un registre de l'autre. Il apportait à M. de Verrières une somme importante qui lui était expédiée par son notaire d'Orléans.

M. de Verrières l'avait rencontré aux portes de Saint-Nicolas, & comme il avait une signature à donner, il avait été forcé de revenir à la Renaudière, au lieu d'aller déjeuner chez son voisin M. Horace.

Mélanie s'était levée toute tremblante.

— Au nom du ciel! monsieur, dit-elle, partez vite!

Elle courut ouvrir une porte du salon qui donnait sur le jardin potager, & par conséquent sur les derrières de la maison.

— Tenez, par là... dit-elle.

Elle prit le jeune homme par la main & l'entraîna.

— Vite! vite! ajouta-t-elle.

— Mais, au moins, vous reverrai-je?

— Oui, demain.

— Où?

— Chez madame Arnaud.

— A quelle heure?

— A l'heure où je devais y aller aujourd'hui. Adieu.

M. de Vergniaules se sauva comme un Roméo sérieux qui ne doit point compromettre sa Juliette.

Il traversa le jardin, atteignit une porte qui donnait sur la campagne & courut pendant quelques minutes jusqu'à la lisière d'un bois de sapins.

Là, M. de Vergniaules s'assit & se prit à réfléchir.

— Voyons, se dit-il, récapitulons. Mademoiselle Mélanie est une charmante personne qui a une profonde aversion du commandant de Vergniaules & à qui je semble plaire infiniment, attendu qu'elle me prend pour le jeune homme dont lui a parlé M. Horace... Mais d'abord qu'est-ce que M. Horace? Je ne connais pas plus ce monsieur que je ne connais madame Arnaud. Seulement il est clair comme le jour, pour moi, que M. Horace & madame Arnaud s'entendent pour mystifier le colonel & servir mademoiselle Mélanie. Donc M. Horace & madame Arnaud sont les ennemis du commandant de Vergniaules. Attention !...

Et le jeune homme continua à réfléchir.

— Mais, se dit-il encore, que faire en pareille circonstance ? Si j'avertis le colonel, il aura quelque emportement brutal qui gâtera tout... Sa fille, à qui je plais aujourd'hui, me prendra en grippe demain. Mais demain mademoiselle Mélanie ira chez madame Arnaud, où, probablement, elle rencontrera *l'autre*. Diable ! diable ! murmura le commandant, ceci devient embarrassant de plus en plus. Que faire ?

Il y avait à trois kilomètres de Saint-Nicolas un bourg que j'appellerai la Jonchère. La Jonchère était un tout petit pays dans lequel M. de Vergniaules s'était arrêté le matin en quittant le chemin de fer.

Il avait laissé sa valise dans l'unique

auberge, annonçant qu'il ne savait pas au juste à quelle heure il reviendrait.

— Bah! se dit-il en quittant la lisière du bois de sapins; la Jonchère & Saint-Nicolas sont trop près l'un de l'autre pour qu'on ne sache pas à la Jonchère ce qu'est M. Horace & quelle est cette madame Arnaud. Allons à la Jonchère.

M. de Vergniaules s'orienta de son mieux, traversa la sapinière & atteignit le village en moins de trois quarts d'heure. Il entra dans l'auberge & demanda à déjeuner.

L'aubergiste était un brave homme au regard doux, au visage pâle, qui souffrait de la fièvre des marais depuis quinze jours, tandis que sa femme & sa fille étaient au lit par suite du même mal.

Il prépara tant bien que mal un mauvais déjeuner à son hôte, s'excusant de son peu d'habitude de recevoir des voyageurs de sa qualité.

— Mon brave homme, lui dit M. de

Vergniaules, je suis venu dans votre pays avec l'intention d'y louer une vaste chasse.

— Oh! ça ne manque pas, monsieur, par ici.

— Est-ce que vous pourriez me donner des renseignements?

— Ah! monsieur, dit l'aubergiste, défunt M. Arnaud vous eût renseigné tout de suite, lui.

M. de Vergniaules tressaillit.

— Qu'était-ce que M. Arnaud?

— Le notaire de Saint-Nicolas.

— Et il est mort?

— Voici un an..

— Mais il a un successeur...

— Pas encore. Cependant on m'a dit hier que madame Arnaud avait trouvé acquéreur pour l'étude.

— Bon! se dit M. de Vergniaules, je sais maintenant ce qu'est madame Arnaud.

— Mais, reprit-il tout haut, il y a des chasseurs dans les environs, à Saint-Nicolas, par exemple!

— Oui, monsieur. Il y en a un fameux, tenez, & qui tue ses soixante sangliers par an, sans compter des cerfs & des chevreuils.

— Ah!

— Il demeure tout près de Saint-Nicolas, & je suis bien sûr qu'il vous donnerait un coup de main.

— Comment le nommez-vous?

— M. Horace Rivière.

— Voilà tout ce que je voulais savoir, pensa M. de Vergniaules.

Le commandant se fit donner une chambre, son déjeuner terminé, demanda une plume & de l'encre, & se mit à écrire plusieurs lettres pour tuer le temps.

Il ne pouvait pas songer à retourner à Saint-Nicolas ce jour-là. C'eût été maladroit d'une part, & ensuite, s'il avait rencontré le colonel, il aurait peut-être été obligé de lui raconter les détails de son entrevue avec mademoiselle Mélanie & par conséquent de lui parler du complot ourdi par M. Horace & madame Arnaud.

M. de Vergniaules avait passé la nuit en chemin de fer, il était fatigué. Ses lettres écrites, il se jeta sur son lit & ne tarda point à s'endormir.

Il passa le reste de la journée à la Jonchère, soupa comme il avait déjeuné, c'est-à-dire fort mal, & remit au lendemain l'exécution du plan de bataille qu'il avait conçu.

VI

Le lendemain, en effet, M. de Vergniaules, qui avait peut-être rêvé des beaux cheveux blonds & des grands yeux bleus de mademoiselle Mélanie, se leva de bonne heure & prit le chemin de Saint-Nicolas.

— Je vais aller successivement, se dit-il, chez M. Horace & chez madame Arnaud. Les renseignements dont j'ai besoin pour louer une chasse sont un prétexte suffisant.

A deux portées de fusil de Saint-Nicolas, M. de Vergniaules rencontra un paysan &

lui demanda le chemin qu'il fallait prendre pour aller chez M. Horace Rivière.

— Tenez, là-bas, sur la gauche, dans la sapinière, ce château en briques rouges, répondit le paysan.

M. de Vergniaules prit à travers champs & ne tarda point à tomber dans le joli sentier bordé de bruyères que Max de Verne avait suivi la veille pour aller chez madame Arnaud.

Comme il arrivait en face de l'habitation d'Horace, l'officier aperçut un jeune homme qui se promenait sous les arbres qui ombrageaient la maison.

Il était en pantalon du matin, tête nue & fumait un cigare.

— Est-ce à M. Horace Rivière que j'ai l'honneur de parler? demanda M. de Vergniaules.

— Non, monsieur, répondit le jeune homme. M. Horace est à la chasse, mais je suis son ami... & si je puis vous être agréable de quelque façon.

— Hum! pensa le commandant, est-ce que je serais en présence de mon rival?

Puis tout haut:

— J'aurais vivement désiré rencontrer M. Rivière, monsieur. Cependant je vais vous faire part du but de ma visite...

Tandis que M. de Vergniaules s'en allait chez Horace & trouvait sur le seuil du petit castel de celui-ci un jeune homme blond qui fumait un cigare, c'est-à-dire Max de Verne, le colonel de Verrières était l'homme le plus intrigué de France & de Navarre, sinon celui de plus méchante humeur.

Pour expliquer l'étonnement & la situation d'esprit fâcheuse du père de Mélanie, reprenons, si vous le voulez bien, les choses d'un peu haut.

M. de Verrières était revenu, la veille au matin, bien malgré lui, au château de la Renaudière, pour donner au facteur des messageries la signature qu'il demandait.

— Au diable mon notaire ! se disait-il en remontant la grande allée du parc. Mélanie va trembler en m'entendant parler; elle voudra mettre son amoureux à la porte; alors celui-ci s'expliquera &... patatra !... Mélanie est capable de le prendre en grippe sur-le-champ.

Le raisonnement du colonel ne manquait pas de justesse; seulement il péchait par la base, attendu que M. de Vergniaules n'était pas homme à gâter son affaire par un aveu maladroit.

Il y avait au rez-de-chaussée de la Renaudière, à côté de la serre, une pièce dans laquelle on entrait par le parc, sans être obligé de traverser le vestibule, & dans laquelle le colonel avait établi son *cabinet de travail*.

Ce mot est peut-être singulier pour un homme qui avait la lecture en horreur, estimait que l'écriture est une des pires inventions de l'espèce humaine & avait coutume de dire que les meilleurs soldats, dans un régiment, sont ceux qui ne savent ni lire ni écrire.

La bibliothèque du colonel se composait de trois volumes : 1° le *Parfait Jardinier*; 2° un *Traité de Sylviculture*; 3° un exemplaire de la *Cuisinière bourgeoise*.

Une vieille table sur laquelle se trouvait un livre de comptes, une plume & une écritoire, quelques fauteuils en jonc canné, une douzaine d'instruments, tels que serpes & sécateurs, pour la taille des arbres, & un marteau à marques, composaient tout le mobilier de cette pièce, que le colonel, dans ses jours de bonne humeur, appelait son cabinet de travail.

— Entrez donc par ici, mon garçon! dit-il au facteur.

En évitant de traverser le vestibule, M. de Verrières faisait un dernier effort pour ne point troubler le tête-à-tête de Mélanie & du commandant.

Il compta l'argent que lui apportait le facteur, le serra dans le tiroir de la table, donna la signature qu'on lui demandait & vingt sous de pourboire. Puis, le facteur parti, le pauvre colonel se trouva dans une situation des plus perplexes & se dit :

— Peut-être Mélanie ne m'a-t-elle ni vu ni entendu... Faut-il rester ici ? faut-il partir ? Si je reste & qu'elle me sache là, elle aura peur... Si je sors & qu'elle me voie... Ah ! bah !

Le *Ah ! bah !* du colonel était pour lui une variante du fameux *Alea jacta est.* Cela voulait dire qu'il avait pris une résolution.

Il ouvrit brusquement la porte & la tira plus brusquement encore après lui.

Après quoi il cria à tue-tête :

— Hé ! Mathurin ! viens ici, bélître !

Mathurin était un garçon jardinier qui échenillait des arbres dans le voisinage.

Il accourut la tête basse & son chapeau à la main.

— Je m'en vais, entends-tu ? cria le colonel.

— Oui, monsieur le baron.

— Je vais voir mes sapinières... cria-t-il plus fort encore.

— Oui, monsieur le baron.

— Je ne rentrerai qu'à midi... pour déjeuner!

Et la voix du baron faisait trembler le château.

— Allons! se dit-il, voilà mes amoureux bien tranquilles à présent.

Et il s'en retourna par la grande allée du parc, se frottant les mains & s'applaudissant de son stratagème.

M. de Verrières était loin de se douter que, depuis un grand quart d'heure déjà, Mélanie avait congédié M. de Vergniaules par la petite porte du jardin.

La Renaudière, je l'ai dit déjà, était entourée de sapins, & M. de Vergniaules avait gagné la lisière d'un bois de cette essence.

Le colonel était parti en criant à tue-tête qu'il allait visiter ses sapinières; &, à première vue, on aurait pu supposer qu'ils allaient se retrouver. Mais ces rencontres, qui sont assez fréquentes dans les romans, n'arrivent pas toujours dans la vie réelle.

M. de Verrières s'en alla vers le sud; le commandant avait pris du côté du nord. Ce qui fit que le colonel se promena jusqu'à midi sans avoir aperçu la silhouette de son gendre futur.

Cependant, comme il entendait sonner midi à Saint-Nicolas, le baron se dit qu'il ferait bien de regagner la Renaudière.

— Mon amoureux doit être parti, se dit-il. Allons déjeuner au galop, de façon à le retrouver ensuite. Je suis curieux de savoir comment Mélanie l'aura reçu.

Quand le colonel arriva, il trouva Mélanie fort calme.

Elle vint à lui sans embarras, lui tendit son front & lui dit :

— Mais viens donc déjeuner, papa.

M. de Verrières se mit à table, lorgnant sa fille du coin de l'œil.

— La petite dissimulée! pensait-il.

Mélanie fut très-gaie; elle redemanda son roman couverture beurre frais, & le colonel, qui l'avait dans sa poche, le lui rendit.

Du reste, elle ne dit pas un mot, ne laissa pas échapper un geste qui pût donner à penser au colonel qu'elle avait reçu le matin la visite d'un étranger.

Le colonel avait bien envie de faire quelques allusions à M. de Vergniaules, mais la prudence l'en empêcha.

Quand il eut déjeuné, il alluma un bon cigare & dit à sa fille :

— Je vais à Saint-Nicolas, où j'ai affaire.

Mélanie ne sourcilla pas.

— Oh! les femmes! murmura le colonel, qui avait la prétention d'être un grand observateur du cœur humain.

Il prit le sentier qui du bout du parc descendait en zigzags à Saint-Nicolas; se disant :

— Mon gendre futur a dû aller à l'auberge. Tout amoureux qu'il est, il doit avoir faim.

Comme Saint-Nicolas ne possédait qu'une seule auberge, la recherche du commandant était facile; du moins, M. de Verrières le croyait.

Il entra dans l'auberge sous le prétexte de voir l'aubergiste, qui était en même temps pépiniériste.

L'aubergiste était aux champs, l'auberge était veuve de tout voyageur.

— Est-ce que vous n'avez pas vu un voyageur ce matin? demanda le colonel.

— Non, monsieur.

— Un grand jeune homme blond... mince... avec un ruban rouge?

— Non, monsieur.

— Où diable est-il? se demanda le colonel.

Et il se mit à errer, comme une âme en peine, dans les environs du village. M. de Vergniaules avait disparu...

— Hum! hum! pensait le colonel, il ne peut pourtant pas s'être évanoui.

Le colonel chercha toute la journée & ne trouva nulle part son futur gendre. La pensée qu'il pouvait être à la Jonchère ne lui vint pas.

— Au fait, se dit-il, peut-être est-il logé dans quelque château des environs. Je l'ai tellement bousculé ce matin, qu'il n'aura point songé à m'en prévenir.

Ces vaines recherches avaient échauffé la bile du colonel; il revint à la Renaudière de fort méchante humeur, dîna en grommelant & chercha deux ou trois querelles à sa fille.

Mélanie fut d'un calme antique.

— Oh! la petite rouée! pensa le colonel; elle croit me tromper! nous verrons bien...

Il se mit au lit, &, comme il avait beaucoup marché, il s'endormit d'un sommeil profond & sonore jusqu'au lendemain.

— Ah! cette fois, par exemple! se dit-il, je finirai bien par mettre la main sur lui.

Bien certainement ils se sont donné un nouveau rendez-vous avec Mélanie, & ce ne peut être que dans la matinée, vers huit heures, au moment où je vais à la rencontre du *postillon*.

Dans le centre de la France, les paysans donnent le nom de *postillon* au facteur rural.

Le colonel alla s'embusquer à l'endroit où, la veille au matin, il avait rencontré M. de Vergniaules.

— Si ce garçon a pour deux sous d'esprit, se dit-il, il pensera bien que je l'attends ici.

Mais le colonel attendit vainement. Il lut les quatre pages du *Constitutionnel*, depuis le premier-Paris de M. Paulin Limayrac jusqu'aux faits divers de M. Boniface, sans voir poindre à l'horizon M. de Vergniaules.

— Ah! c'est trop fort! murmurait-il en frappant le sol du talon de sa botte avec une névreuse impatience.

Tout à coup un bruit de pas le fit tressaillir. Il se retourna & se trouva face à face avec un chasseur.

Ce chasseur n'était autre que le voisin Horace, en compagnie de son chien d'arrêt.

La mauvaise humeur de M. de Verrières, si intense qu'elle fût, ne tenait pas d'ordinaire contre la joviale figure du voisin Horace.

Cependant, ce jour-là, le colonel ne put dérider son front.

— Diable! colonel, dit Horace, vous avez l'air bien chagrin ce matin.

— Moi? mais non... Bonjour, voisin.

— Bonjour, colonel. Oh! mais vous êtes renfrogné comme un jour de pluie!

— Vous trouvez?

— Parbleu!

Le colonel éclata comme un coup de tonnerre :

— Au fait, dit-il, je veux que vous sachiez tout!

— Hein? fit Horace.

— Je suis d'une impatience, d'une mauvaise humeur...

— Je le vois bien.

— Je vais vous conter cela, poursuivit le colonel.

— Contez...

— Ça me soulagera.

— Peine partagée est à moitié consolée Colonel, voyons, je vous écoute...

Horace s'assit à côté du colonel, juste à la place où, la veille, s'était assis M. de Vergniaules.

Alors le colonel lui dit :

— Je dois vous avertir d'abord qu'*il* est arrivé.

— Qui donc?

— Hé! *lui*, parbleu!

— Qui, lui?

— Mon gendre.

Horace tressaillit.

— Pardon, dit-il, mais je n'ai pas bien compris.

— M. de Vergniaules, pardieu ! le commandant de Vergniaules.

— Il est commandant ?

— Mais oui... depuis deux jours...

— Ah ! diable ! pensa Horace. Que va donc devenir mon ami Max ?

Puis tout haut :

— Et vous dites qu'il est arrivé ?

— Oui.

— Depuis quand ?

— Depuis hier.

— Et il est chez vous...

— Ah ! bah ! Il est je ne sais où...

Et alors le colonel raconta longuement, minutieusement à Horace tout ce qui était arrivé en vingt-quatre heures, depuis la lecture de ce roman qui lui avait donné une assez bonne idée, jusqu'à ses pérégrinations ihutiles pour retrouver son futur gendre.

Horace avait écouté gravement le colonel, &, tout en l'écoutant, il cherchait un moyen de salut pour les intérêts de son ami Max de Verne.

— Eh bien! que pensez-vous de cela? dit-il en finissant. Comprenez-vous cette disparition?

Mais Horace venait d'avoir une inspiration :

— Parbleu! dit-il, certainement je comprends.

— Vous... comprenez?...

— A merveille.

— Oh! fit le colonel qui regarda son voisin avec stupeur.

— Mais si je m'explique vous allez vous fâcher.

— Moi?

— Vous êtes si irascible, mon cher colonel.

— Bah! bah! expliquez-vous... Avec vous on ne se fâche jamais!

— Eh bien, colonel, dit gravement Horace, vous êtes mystifié.

6.

Le colonel bo   es pieds & leva
sur son voisin un   .

— Mystifié! d   par qui? comment? Ah! je vo   n voir...

— Votre com   t de Vergniaules,
poursuivit tranq   Horace, est un
de vos voisins,   ux de votre fille,
que, sans doute,   fille aime aussi...

— Mille tonnerres! exclama le colonel.

— Et je crois savoir son véritable nom, acheva Horace.

— Comment! ce ne serait pas, selon vous, le commandant de Vergniaules?

— Mais non, puisqu'il est en Chine... & puis il n'est que capitaine!...

— Mais alors...

— Ah! dame! fit Horace, je me repens de vous avoir dit tout cela. Vous allez vous emporter, rentrer chez vous & faire une scène à votre fille...

— Oh! certes!

— Et voilà précisément ce que je ne veux pas...

— Mais...

— Parce que, poursuivit Horace, je veux qu'après avoir été mystifié, vous soyez mystificateur.

— Hein?

— Et si vous voulez vous fier à moi...

— A vous?

— Oui, & me laisser carte blanche.... Mais, d'abord, il me faut votre parole d'honneur.

— A propos de quoi?

— Votre parole d'honneur que vous ne direz pas un mot à votre fille avant de m'avoir revu.

— Soit. Je vous la donne.

— Attendez. Si vous rencontrez le prétendu commandant...

— Mais quel est donc ce drôle? Je lui couperai les oreilles!...

— Non pas, dit Horace. Je vais vous donner une marche bien plus simple & qui vous vengera bien mieux.

— Voyons, dit le colonel.

— Si vous rencontrez, dis-je, le prétendu commandant, vous lui direz : « Mon cher monsieur de Vergniaules, je suis réellement désolé, mais ma fille ne peut être votre femme. Des raisons que je ne puis vous donner me contraignent à refuser mon consentement. »

— Hé ! hé ! dit le colonel, il sera peut-être bien désappointé... Mais enfin quel peut être cet aventurier ?

— Je vous le dirai demain.

— Pourquoi pas aujourd'hui ?

— Parce que, dit Horace en clignant de l'œil, j'ai mes raisons... Il faut que je voie votre fille auparavant.

— Plaît-il ?

— Mais, mon cher voisin, reprit Horace, si vous voulez que je vous venge, il faut me laisser agir à ma guise.

— Mais enfin...

— Et avoir en moi une confiance absolue.

— Eh bien, soit !

— Vous me le promettez?
— Je vous le jure, foi de colonel.
— Alors, au revoir...
— Où donc allez-vous?
— A la Renaudière, parbleu!
— Vous allez voir Mélanie?
— Sur-le-champ. Du reste, venez avec moi. Vous me laisserez seul avec elle...

Horace prit le bras du colonel & lui fit reprendre le chemin du château :

— Hum! pensait le vieux garçon, je veux être pendu, ma foi! si je sais comment je vais m'en tirer!... Bah! je vais commencer par *couler* le commandant aux yeux de mademoiselle Mélanie. Ce sera toujours cela!

Et tout en marchant, Horace rumina son plan de bataille.

VII

Le colonel n'avait pas compris grand'-chose à ce que son voisin Horace lui avait dit, hormis ceci, toutefois, qu'il était mystifié par un aventurier.

Ils entrèrent dans le parc & Horace pressa le pas.

Sans doute l'ami de Max aurait voulu éviter une plus ample explication avec M. de Verrières.

Mais le colonel était tenace, surtout lorsqu'il ne comprenait qu'à moitié.

— Il faut pourtant, dit-il, que vous m'appreniez son nom.

— Quel nom, colonel?

— Hé ! parbleu ! celui de ce drôle qui...

Horace posa un doigt sur ses lèvres.

— Chut ! dit-il.

— Mais enfin...

— D'abord, reprit Horace d'un ton de mystère, je ne suis pas assez complétement fixé moi-même...

— Comment ! vous n'êtes pas sûr... &...

Horace posa son bras sur le bras du colonel.

— Avez vous jamais présidé un conseil de guerre ? dit-il.

— Trois fois... Quelle singulière question !

— Eh bien ! après le rapport du commandant rapporteur, vous étiez à peu près fixé sur la culpabilité du soldat qui comparaissait devant vous.

— Ordinairement.

— L'auriez-vous condamné ?

— Pas avant d'avoir entendu les témoins & le défenseur.

— Eh bien ! je suis dans le même cas...

— Hein ?

— Ma conviction est assise. Seulement les preuves me manquent.

— Et vous comptez les avoir?

— Demain.

— Cependant...

— Voyons, colonel, dit Horace, connaissez-vous vos voisins?

— Je ne connais que vous. Je n'aime pas les relations à la campagne.

— Mais au moins vous les connaissez de nom.

— Il y a tout près d'ici M. de Robier...

— Bon ! après ?

— Le château du baron de Valbonne est à trois lieues.

— Ensuite?

— M. Hector Lardy, un jeune homme fort riche, est également mon voisin.

— Or, reprit Horace, M. Hector Lardy, M. le baron de Valbonne & M. de Robier sont riches tous trois, garçons tous trois...

— Morbleu ! exclama le colonel.

— Chut! dit encore Horace, demain... pas avant.

Et comme ils arrivaient à la porte du château :

— Maintenant, allez-vous être raisonnable?

— Comment l'entendez-vous?

— Vous ne ferez pas de scène à votre fille?

— Je vous l'ai promis.

— Et vous me laisserez causer avec elle ?

— Sans doute.

— Alors, entrez dans votre cabinet, & restez-y. Je vais me faire annoncer à mademoiselle Mélanie.

— Diable d'homme! murmura le colonel; il faut toujours faire ce qu'il veut !

Et il poussa en effet la porte de son cabinet & renonça à suivre Horace, qui s'en alla tout droit au salon.

Mais comme il fallait, lorsqu'il s'était montré doux & facile, que le colonel se rattrapât, il appela le jardinier & l'admonesta vertement, prenant pour prétexte la manière dont il avait taillé un tilleul.

Horace, pendant ce temps, se faisait annoncer à Mélanie & s'installait au salon.

Mélanie arriva.

Elle était jolie à croquer dans son peignoir du matin ; elle avait le sourire aux lèvres & le bonheur dans les yeux.

— Hum ! se dit Horace que ces symptômes inquiétèrent, est-ce que le commandant serait un séducteur sérieux ? Soyons diplomate...

Et il alla vers Mélanie, souriant comme elle.

La jeune fille lui tendit les deux mains & le fit asseoir sur un canapé auprès d'elle :

— Bonjour, cher voisin, dit-elle. Est-ce que vous venez nous demander à déjeuner ?

— Non, mademoiselle. Mon ami m'attend.

— Votre ami ? fit Mélanie qui devint toute rouge...

Et elle baissa modestement les yeux.

— Bon! se dit Horace, elle a pris le commandant pour lui.

Puis tout haut :

— Ah! ce pauvre Max, dit-il, je l'ai vu bien impatient hier matin.

— Hier... matin?

— Mais, dame! il croyait que deux heures de l'après-midi n'arriveraient jamais.

— Mais savez-vous qu'il est d'une audace...

— Qui?... lui?

Et Horace fut un peu surpris.

— Vous aurait-il déplu?

— Oh non! dit Mélanie rougissant plus fort.

— Et vous le trouvez?...

— Fort bien... sous tous les rapports...

— Ah! dit Horace qui se mordit les lèvres.

— Et madame Arnaud, comment le trouve-t-elle?

— Mais... elle ne l'a pas encore vu.
— Plaît-il ?
— Savez-vous bien qu'il a osé venir ici?
— Ah ! grand Dieu ! Mais quand ?... ce matin ?... hier ?...
— Hier matin.
— Décidément, se dit Horace, le quproquo a été complet. Acceptons-le.

Et il dit en souriant :
— Oh ! le dissimulé ! Figurez-vous que depuis hier il m'a fait un véritable mystère de sa conduite...
— Comment! il ne vous a rien dit...
— Rien.
— Ah ! mon Dieu ! se dit Mélanie à son tour; qui sait? il m'a peut-être trouvée laide...

Mais comme une femme ne fait jamais de semblables réflexions tout haut, elle s'efforça de sourire et reprit :
— Je dois le revoir aujourd'hui.
— Où donc?
— Chez madame Arnaud.

— A quelle heure?

— Mais vers deux heures, comme cela avait été convenu pour hier.

— Ah! par exemple! se dit Horace, voilà qui sera réellement singulier si le commandant ose aller chez madame Arnaud.

— Et vous le trouvez charmant? reprit-il tout haut.

— Je le trouve fort bien, du moins...

— C'est grand dommage, murmura Horace avec un rire moqueur, que mon ami ne soit point militaire!

Mélanie tressaillit.

— Comment! dit-elle, vous le regrettez?

— Mais sans doute. M. votre père donnerait son consentement tout de suite.

La jeune fille secoua la tête :

— Un militaire n'est pas aussi bien que cela, dit-elle.

— Bah! il y a des officiers très-distingués...

— Oui... mais...

— Eh bien, dit Horace, si votre père &
moi vous avions trompée, mademoiselle?

Mélanie le regarda avec étonnement.

— Comment cela? dit-elle.

— Si mon ami...

— Eh bien?

— Si mon ami était militaire?

— Oh! c'est impossible!

— Pourquoi? il y a des militaires qui
sont fort bien sous tous les rapports.

— Mais votre ami a un cachet tout parisien.

— D'accord. Supposons cependant que
c'est un chef d'escadron...

— Il n'est pas décoré.

— N'importe. Supposons-le...

— Eh bien, après? dit Mélanie.

— L'épouseriez-vous?

— Oui, dit résolûment la jeune fille
mais à une condition toutefois.

— Laquelle?

— C'est qu'il donnerait sa démission.

— Diable! pensa Horace, les chances

de mon ami Max baissent de plus en plus.

— Cependant, dit-il, convenez que vous auriez été un peu mystifiée...

Mélanie se mordit les lèvres & ne répondit pas.

Cependant, après un moment de silence, Mélanie reprit :

— Mais qui me vaut donc le plaisir de votre visite ce matin, mon cher voisin ?

Horace cligna de l'œil.

— Je viens, dit-il tout bas, changer l'heure de votre rendez-vous.

— Ah ! fit Mélanie avec dépit.

— Venez à quatre heures & non à deux chez madame Arnaud.

— Pourquoi quatre heures ?

— C'est mon secret.

Horace prit un air mystérieux & se leva.

— Au revoir ! dit-il.

— Mais, mon cher voisin, murmura Mélanie, vous m'expliquerez au moins, avant de partir, pourquoi vous supposiez tout à l'heure que votre ami pourrait être militaire ?

— Non, je ne vous l'expliquerai pas. C'est lui qui s'en chargera.

— Cependant vous me direz bien oui ou non.

Horace secoua la tête.

— J'ai promis de garder le silence. Au revoir, mademoiselle.

— Quand vous reverra-t-on ? demanda Mélanie un peu piquée.

— Ce soir.

— Ah !

— Je tiens à savoir si mon ami continuera à vous plaire.

Le voisin Horace prit congé de la jeune fille & rejoignit le colonel, qui se promenait à grands pas dans le parc.

— Eh bien ? demanda celui-ci.

— Eh bien, répondit Horace, tout va très-bien ? Seulement, souvenez-vous que vous m'avez promis...

— Oh ! soyez tranquille, je serai muet.

Horace serra la main au colonel et s'en alla en se disant :

— Comment diable vais-je me tirer de cette intrigue, qui s'embrouille de plus en plus ?

Une heure après, il arrivait à la Sapinière & trouvait Max tranquillement assis sur le seuil de la porte.

— Mon ami, lui dit Max, il est venu un monsieur ce matin.

— Quel monsieur ?

— Un Parisien qui ne m'a pas laissé son nom, mais qui désirait te voir.

— Dans quel but ?

— Pour avoir des renseignements sur une chasse à louer dans les environs.

— Comment est-il ?

— Grand, mince, blond.

— Et la tournure militaire ?

— Justement.

— Ah ! mon pauvre ami, dit Horace, ce monsieur me semble courir un gibier que nous commencions à chasser nous-mêmes.

— Comment cela ?
— Hé ! parbleu ! c'est ton rival.
— Quel rival ?
— Le commandant à qui le colonel a promis sa fille ! acheva Horace consterné.

VIII

Il est temps de revenir au principal personnage de cette histoire, — personnage un peu effacé cependant jusqu'ici.

Nous voulons parler de madame Arnaud, cette belle & touchante veuve que nous avons à peine entrevue.

Tandis que M. de Vergniaules s'en allait à la Sapinière dans l'intention d'y rencontrer Horace, — tandis qu'Horace prenait le chemin du château de la Renaudière & rencontrait le colonel à l'entrée du parc, madame Arnaud recevait la visite de M. Antoine-Firmin Le Fourchu, ancien premier clerc de notaire à Orléans, &

acquéreur depuis quarante-huit heures de l'étude de Saint-Nicolas.

Une lettre reçue la veille au matin lui avait appris cette visite.

Et cependant la pauvre femme sentit ses yeux se mouiller & son cœur se serrer lorsqu'elle entendit la cloche qui annonçait l'arrivée du train de chemin de fer.

Un ami s'était chargé de traiter, à Orléans, du prix & de la vente de l'étude.

Tout avait été fait pour le mieux.

La veuve conservait la maison jusqu'à l'hiver.

Le nouveau notaire prendrait simplement possession de l'étude.

Madame Arnaud s'était levée de bonne heure ce jour-là. Elle avait donné quelques ordres à sa bonne; elle comptait offrir à déjeuner à celui qui venait la déposséder.

— Maman, disait l'enfant en montant sur les genoux de sa mère, quel est donc ce monsieur que tu attends ce matin? Est-ce que c'est celui d'hier?

— Non, mon enfant, répondit la veuve en jouant distraitement avec les boucles blondes & frisées de sa chevelure, & le baisant ensuite au front.

— Quel est donc ce monsieur?

— C'est un monsieur qui vient demeurer avec nous.

— Ah! Et papa, quand reviendra-t-il?

La veuve baissa la tête, & une larme tomba brûlante sur le front de l'enfant.

Ce fut en ce moment-là que la sonnette de la porte d'entrée retentit.

M. Antoine-Firmin Le Fourchu arrivait.

L'émotion qui s'empara de madame Arnaud fut si violente qu'elle n'eut pas la force de quitter le salon pour aller à la rencontre de son visiteur.

L'enfant seul ouvrit la porte & s'en alla dans le corridor montrer sa tête mutine & son œil éveillé.

M. Le Fourchu arrivait précédé de la servante.

Il caressa l'enfant & lui dit :

— Madame votre mère est-elle visible, mon petit ami ?

— Oui, monsieur. Venez donc... par ici, monsieur !...

M. Le Fourchu, en dépit de ce nom ridicule, était un homme fort convenable de manières & d'attitude.

Il avait une quarantaine d'années, un commencement d'embonpoint, une figure intelligente, un peu commune peut-être, mais empreinte d'une grande bonté.

C'était un pauvre diable entré dans la vie par la porte étroite du travail & de l'indigence, & à qui il avait fallu vingt années de labeur opiniâtre & de probité sévère pour amasser les quelques milliers de francs avec lesquels il venait d'acheter l'étude de Saint-Nicolas.

Il pénétra dans le salon guidé par l'enfant, s'arrêta un peu surpris, un peu ébloui de la beauté mélancolique de la veuve, puis il la salua avec respect, lui disant :

— Veuillez me pardonner, madame, de me présenter chez vous d'aussi bonne heure. Malheureusement, le chemin de fer ne m'a pas laissé libre de retarder ma visite.

— Je vous attendais, monsieur, répondit la veuve en lui offrant un siége.

L'air de bonté & de simplicité de M. Le Fourchu avait fait plaisir à madame Arnaud.

Elle s'était attendue peut-être à voir arriver quelque jeune homme mal élevé, vêtu comme un commis voyageur, le cigare aux lèvres, une canne dans la poche de son paletot, tout gonflé de son titre de notaire, & sans égard pour sa douleur.

Il en était tout autrement.

M. Le Fourchu échangea quelques mots insignifiants d'abord ; puis, & comme en tremblant, il parla de l'étude avec une réserve excessive.

— Madame, dit-il, je retourne à Orléans ce soir, & ne reviendrai que la semaine prochaine. Je sais que vous aviez ici un petit clerc qui faisait la besogne, je le garderai. Quant à moi, ne vous donnez nul souci... Lorsque je reviendrai m'installer, je logerai dans le pays. Je suis garçon. Je me suis déjà entendu avec l'aubergiste de la gare pour mes repas.

— Mais, monsieur, dit madame Arnaud, cette maison est à vous : disposez-en...

— Oh! pas tant que vous l'habiterez, madame, & je sens bien que vous devez avoir besoin de solitude.

Puis le notaire se reprit à caresser l'enfant & le plaça sur ses genoux.

La mère eut le courage de le remercier d'un sourire.

— Ne voulez-vous pas visiter la maison avant déjeuner, monsieur? car, ajouta-t-elle, vous accepterez bien le déjeuner de la pauvre veuve?

— Oui, dit M. Le Fourchu, qui sentit une larme errer dans ses yeux, oui, madame, & puissiez-vous voir en moi un ami...

Madame Arnaud ouvrit la porte-fenêtre qui donnait sur le jardin.

L'enfant s'y précipita pour jouer.

M. Le Fourchu & la veuve le suivirent & firent le tour des allées, visitant les espaliers, les quenouilles, le potager.

Le notaire examina chaque chose avec réserve, comme si rien de tout cela ne lui appartenait.

Il parcourut ensuite la maison, non moins rapidement & plutôt comme par complaisance.

Puis il se mit à table avec la veuve, se montra sobre de paroles, & repartit par le train de midi quarante-cinq minutes pour Orléans.

Madame Arnaud se retrouva seule comme le matin, comme la veille, comme toujours, — seule avec ses souvenirs si douloureux & si chers, seule avec cet enfant, désormais sa seule espérance, sa dernière joie, & pour lequel elle envisageait l'avenir avec une sorte d'effroi mystérieux.

Elle était allée s'asseoir dans le jardin, sous un grand arbre, un ouvrage de broderie à la main, lorsque l'enfant, qui était resté dans la maison, accourut en disant :

— Maman! maman! voilà *mon ami*...

Les enfants ont un instinct merveilleux pour deviner qui les aime & surtout qui aime leur mère.

Un jour, le fils de la veuve avait vu entrer chez sa mère, qui en ce moment versait des larmes silencieuses, un homme qui s'était mis à causer avec elle, qui avait pris part à son affliction & ne l'avait quittée que lorsque ses pleurs eurent cessé de couler.

Lorsqu'il fut parti, la veuve murmura :

— Ah! c'est un bon & noble cœur, M. Horace...

Et depuis lors, l'enfant, qui avait surpris ces paroles, qui les avait instinctivement comprises malgré son jeune âge, l'enfant avait appelé M. Horace *mon ami*.

C'était Horace, en effet, qui venait la voir.

Quel était son but?

Il se servit d'un prétexte.

— Ma pauvre voisine, lui dit-il, j'ai su que vous aviez reçu ce matin une visite qui, certainement, vous aura été pénible... & vous pardonnerez à ma vieille amitié de venir se mettre à votre disposition.

Elle leva sur lui un regard plein de reconnaissance & lui tendit la main.

— Ah! je sais bien, lui dit dit-elle, que vous êtes le meilleur des hommes, monsieur Horace.

— Ma bonne voisine, reprit Horace en s'asseyant auprès d'elle, je vous parlerai tout à l'heure de mademoiselle de Verrières & de mon jeune ami; je vous parlerai aussi d'un *quiproquo* assez amusant.

— Un quiproquo?

— Oui; mais causons de vous d'abord.

— De moi? fit-elle en tressaillant.

— Oui, de vous, & je vais faire, hélas! comme le chirurgien qui *débride* une plaie & fait horriblement souffrir son malade pour hâter sa guérison.

Elle le regarda étonnée.

— Voyons, reprit Horace, causons de vous. L'étude est vendue, cette maison n'est plus à vous, & le prix du tout va servir à satisfaire quelques créanciers.

— Hélas! soupira-t-elle.

— Qu'allez-vous devenir, ma pauvre voisine? Oh! je sais bien que vous avez l'intention de vous retirer auprès de madame votre tante. Mais a-t-elle assez pour trois?

Et Horace, ému, montrait l'enfant qui jouait avec insouciance.

— Tenez, poursuivit le vieux garçon, écoutez-moi. J'ai quarante ans & les cheveux gris; il est peu probable que je songe jamais à me marier, & je n'ai pas d'héritiers directs... Voulez-vous que j'adopte votre enfant?

La veuve étouffa un cri.

— Écoutez, poursuivit Horace, je me chargerai de son éducation & nous en ferons un homme... Et puis, si votre cœur se déchire trop lorsqu'il vous faudra quitter cette maison, eh bien! je l'achèterai... & vous me payerez un petit loyer... Le notaire se logera ailleurs...

La veuve avait été prise d'une telle émotion en entendant Horace parler ainsi, qu'elle ne put ni verser une larme ni jeter un cri, & demeura immobile & comme pétrifiée sur le banc où elle était assise.

Horace appela l'enfant, qui vint se mettre à califourchon sur ses genoux.

— M'aimes-tu bien, mon petit Paul? lui dit-il.

— Oh! oui, *mon ami*.

— Veux-tu que je sois ton papa?

— Ah! je veux bien... dit encore l'enfant, puisque le mien ne revient pas.

— Vous le voyez, ma chère voisine, dit

simplement Horace, votre fils vient de répondre pour vous.

Alors la pauvre veuve fut prise d'un élan irrésistible ; elle s'empara de la main d'Horace, la porta vivement à ses lèvres & la baisa avec transport en l'arrosant de ses larmes. . . . .
. . . .

IX

Que s'était-il donc passé le matin à la *Sapinière?*

Horace, en quittant le colonel & sa fille, était rentré chez lui, &, comme nous l'avons dit, il avait trouvé son ami Max de Verne qui lui avait fait part de la visite reçue le matin.

Au signalement que Max lui avait donné de M. de Vergniaules, Horace avait reconnu sur-le-champ le chef d'escadron.

— Eh bien! lui avait-il dit, tu ne te doutes guère, je parie, que tu as reçu ton rival.

— Mon rival!

— Oui, M. de Vergniaules, l'officier de Chine à qui le colonel destine sa fille.

— Bah! c'est impossible!

— C'est très-vrai au contraire, & depuis hier matin, mon pauvre ami, tes affaires s'embrouillent joliment.

— Comment cela? demanda Max avec indifférence.

Horace, qui ne se doutait nullement des sentiments qui agitaient son ami, lui raconta alors ce qui s'était passé la veille à la Renaudière.

— Hé! mais, voilà donc pourquoi, dit Max, mademoiselle de Verrières n'est point venue?

— Justement.

— Et elle a vu le commandant?

— Qu'elle a pris pour toi.

— Et qui lui plaît?

— Énormément.

— Alors, dit Max, je ne vois plus trop ce que j'ai à faire ici.

— Comment! s'écria Horace, est-ce que tu abandonnes la partie?

— Dame!

— Lâche! fit le vieux garçon en riant, tu aurais donc voulu triompher sans péril & sans gloire!

— Non, mais...

— Mais un rival paraît, & tu te décourages...,

— C'est un peu vrai... Cependant...

— Cependant, fit Horace avec vivacité, je n'entends pas cela, moi.

— Ah!

— Je me suis mis en tête que tu épouserais mademoiselle de Verrières, & tu l'épouseras.

— Mais si elle aime le commandant...

— Je veux qu'elle l'exècre avant trois jours...

— C'est difficile.

— Bah! je la connais... quand elle t'aura vu... D'abord tu dois être beaucoup mieux que lui...

— Bon! voilà que tu me flattes...

— Ensuite tu avais pris le bon chemin pour arriver jusqu'à elle, le chemin du mystère...

— Mais il me semble, d'après ce que tu me dis, que le commandant a fait comme moi.

— Oui, mais le colonel lui a soufflé son rôle. Lorsque Mélanie saura cela, elle sera furieuse!...

— Mais tu tiens donc bien à ce que j'épouse mademoiselle de Verrières?

— Certainement. Ah çà, mon bon ami, murmura Horace un peu étonné, est-ce que madame Arnaud t'aurait fait de ta future un portrait peu flatté?

Max tressaillit.

— Oh! non, dit-il.

— Alors, il faut la voir d'abord... Et puis, si elle ne te plaît pas...

— C'est juste! murmura Max qui accepta ce prétexte avec empressement. Si le cœur des femmes est un abîme, comme disent pompeusement certains romanciers psychologues, celui des hommes renferme bien aussi ses petits mystères...

Depuis la veille, Max envisageait la vie sous une face toute nouvelle.

Il était allé chez la veuve du notaire pour y rencontrer une jeune fille qu'on voulait lui faire épouser.

La jeune fille n'était point venue; en échange, notre héros s'était oublié pendant deux heures chez la veuve, & lorsqu'il était rentré à la Sapinière, toutes ses idées s'étaient trouvées bouleversées.

Il avait rêvé de la veuve toute la nuit. Au matin, après une longue insomnie, il s'était avoué qu'il était sur le point d'aimer madame Arnaud.

Certes, à première vue, il doit paraître étrange que Max ne se fût point choisi tout de suite un confident, c'est-à-dire qu'il n'eût point avoué à son vieil ami Horace les sentiments nouveaux qui l'agitaient.

Eh bien! si étrange que cela paraisse, cela fut cependant.

Max se fit le raisonnement assez bizarre que voici :

— Horace est un vieux garçon positif qui ne comprendra jamais qu'on puisse aimer & surtout épouser une femme dans une position aussi précaire que celle de madame Arnaud. Si je lui fais cette confidence, il me rira au nez & me conseillera de retourner à mes potiches.

Horace ne pouvait point deviner ce qui se passait dans le cœur de son ami, & il prit pour du dépit l'indifférence qu'il affectait au sujet de Mélanie.

— Tu la verras, reprit-il, & quand tu l'auras vue, je te garantis que tu changeras de façon de penser.

— Soit, dit Max, je la verrai.

— Je t'ai ménagé un rendez-vous avec elle.

— Chez madame Arnaud ?

— Oui.

— Pour aujourd'hui ?

— A quatre heures, & non à deux. A deux heures, le commandant se cassera le nez.

— Comment cela ?

— Oh ! je m'en charge... Mais d'abord déjeunons.

Les deux amis se mirent à table, & Horace mangea d'un fort bon appétit.

Puis, quand il eut fini, il dit à Max :

— Je vais voir madame Arnaud. Je gage qu'elle a déjà reçu la visite du commandant.

— Bah !

— Il est bien venu ici !... Mais peu importe !... En sortant de chez madame Arnaud, je retournerai chez le colonel & je ne laisserai échapper Mélanie qu'à l'heure dite. Tu verras... J'ai tout un plan de bataille dans la tête.

Horace partit, tandis que Max se disait :

— Il est à peine midi... Vais-je donc attendre quatre heures avant de la revoir !...

. . . .

Maintenant revenons chez la veuve, que nous avons vue prendre avec émotion la main d'Horace & la porter à ses lèvres.

Horace était un de ces hommes pour qui la simplicité semble avoir été inventée.

Dans le trajet de la Sapinière à Saint-Nicolas, il avait rencontré un paysan.

Le paysan lui avait dit :

— Cette pauvre madame Arnaud va bientôt nous quitter, paraît-il, monsieur Horace, car le successeur de défunt son mari est venu d'Orléans ce matin.

Ces quelques mots avaient suffi pour remuer une fibre dans le cœur du vieux garçon.

— Pauvre femme! s'était-il dit. Si jeune, si malheureuse, avec un enfant sur les bras!

Alors, comme lui était venue quelques mois auparavant l'idée de prêter quelque argent à la pauvre veuve, l'idée d'adopter son fils lui vint, simplement, naturellement.

Et, tout en songeant aux affaires de son ami Max, Horace pensa que c'était l'occasion ou jamais de venir en aide à la veuve & à l'orphelin.

Nous savons comment il avait fait son offre.

L'émotion de madame Arnaud fut bien violente.

Elle passa longtemps & convulsivement sur ses lèvres la main d'Horace, elle l'arrosa de larmes brûlantes, & le vieux garçon sentit ses yeux se mouiller aussi.

Mais Horace, malgré son bon cœur, avait une certaine aversion de ce qu'on appelle le sentiment.

— Je ne suis pas l'homme des gémissements & des larmes, s'était-il dit bien souvent, &, quand on pleure devant moi, cela me barbouille le cœur à me donner le mal de mer.

— Allons! ma chère voisine, dit-il en dégageant sa main & s'efforçant de prendre un ton enjoué, voilà qui est convenu, arrangé, il n'y a pas à y revenir. Maintenant essuyez vos yeux, & voyez à me tirer d'un singulier mauvais pas...

Ces derniers mots étaient de nature à faire impression sur madame Arnaud. Elle calma sa propre émotion pour songer à Horace.

— Vous avez besoin de moi! dit-elle avec un accent de joie.

— Plus que jamais, ma chère voisine. L'amitié m'a fourré dans un étrange imbroglio. Il faut que vous m'en tiriez. Laissez-moi vous compter ça...

Alors Horace narra à madame Arnaud tous les événements de la veille & du matin; & lorsqu'elle fut bien au courant de la situation, il ajouta :

— Maintenant, comment faire?

— Vous tenez beaucoup à ce mariage?

— Mais sans doute.

— Eh bien! il faut dire la vérité pure & simple à mademoiselle Mélanie.

— Mais c'est qu'elle est entêtée, la petite... autant que son père. Avez-vous vu le commandant?

— Non, mais il est venu; c'est lui du moins, j'imagine. Tandis que j'étais à déjeuner avec M. Le Fourchu, il s'est présenté un monsieur qui s'est retiré en apprenant que j'étais à table.

— C'est lui, parbleu! A-t-il dit s'il reviendrait?

— Oui, à deux heures.

— Eh bien! voici ce que vous allez faire...

— J'écoute.

— Quand il se présentera, vous le ferez prier de revenir demain. Peut-être comprendra-t-il qu'il y a contre-ordre au château.

— Mais c'est un mensonge que vous me demandez là! dit la veuve en souriant.

— Non pas. Vous ignorez ce que veut ce monsieur. Vous êtes souffrante, vous remettez au lendemain pour le recevoir.

— Mais mademoiselle Mélanie viendra?

— Oui, à quatre heures.

— Et... votre ami...

— Aussi. Ma foi! ajouta Horace, tout dépendra de cette entrevue. Je vais à la Renaudière battre en brèche le crédit du commandant. Après, nous verrons...

Horace se leva, baisa à son tour la main de la veuve, embrassa l'enfant qu'il venait d'adopter, & s'en alla aussi simplement qu'il était venu.

Madame Arnaud, qui l'avait reconduit jusqu'à la grille, le suivit des yeux avec émotion jusqu'à ce qu'il eût disparu au tournant du chemin.

— Maman, dit alors l'enfant qui tenait sa mère par la main, pourquoi donc pleurais-tu tout à l'heure quand mon ami était là?...

Elle prit l'enfant dans ses bras & le baisa sur le front :

— Parce que, répondit-elle, M. Horace est l'homme que j'aime le plus après ton pauvre père...

X

Après le départ de son ami Horace, Max de Verne chercha à tuer le temps de plusieurs façons différentes.

Il prit un fusil & alla tirer des grives dans les genévriers voisins; puis il revint à la Sapinière & prit un livre qu'il feuilleta sans le lire.

Il entra ensuite dans la salle de billard & se fit à lui-même une partie de carambolage.

Après le billard, il tira au pistolet.

La main lui tremblait, il manqua plusieurs fois & jeta les pistolets avec découragement.

Cependant il n'était encore que trois heures.

— Ma foi! tant pis! se dit-il, j'arriverai un peu avant... D'ailleurs ce n'est pas pour mademoiselle Mélanie que je vais à Saint-Nicolas.

Il se mit en route, fouettant les genévriers du bout de sa canne & ne songeant nullement à mademoiselle Mélanie.

Comme les premières maisons du village se montraient derrière les arbres, Max s'arrêta un peu surpris.

Le jeune homme blond, vêtu d'un paletot blanc, qui s'était présenté le matin à la Sapinière, était devant lui, cheminant en sens inverse.

— Tiens! se dit Max, voilà mon rival!

Alors il se passa dans le cerveau du jeune homme une idée bien digne d'un amateur de chinoiseries & de potiches.

Cette idée est même si bizarre qu'il nous faut une comparaison pour l'expliquer.

Lorsque fut joué le *Demi-Monde* de

M. Alexandre Dumas fils, le *Journal amusant* publia une parodie de cette pièce.

Dans cette parodie, un personnage allait droit à un autre & lui disait :

— Monsieur, je ne vous connais pas, je ne vous ai jamais vu, je ne sais qui vous êtes ni d'où vous venez; toutes ces raisons me paraissent suffisantes pour vous demander un conseil.

Eh bien, Max de Verne se fit une théorie à peu près semblable :

— Voilà un monsieur que je ne connais pas, se dit-il, avec qui j'ai causé une heure à peine & qui, dit-on, est mon rival. Eh bien, j'en veux faire mon ami...

Ce raisonnement absurde reposait cependant sur un point de départ logique pour un amateur de curiosités comme Max.

Le commandant, lui avait dit Horace, revenait de Chine.

Max allait donc pouvoir causer *potiches*.

M. de Vergniaules, car c'était lui, cheminait à petits pas, en homme qui flâne & n'a rien à faire.

Max alla vers lui & le salua. L'entrevue du matin avait rompu la glace.

M. de Vergniaules, du reste, cherchait un prétexte honnête de faire la connaissance de quelqu'un, depuis trente-six heures qu'il était dans le pays.

En sortant de chez Horace, le matin, il s'en était allé tout droit chez la veuve.

La veuve, on le sait, ne l'avait point reçu.

M. de Vergniaules avait déjeuné dans l'unique auberge de Saint-Nicolas; puis il s'en était allé rôder aux environs de la Renaudière, dans l'espérance d'y rencontrer le colonel.

Mais, comme un fait exprès, le colonel avait été aussi invisible que sa fille.

Alors M. de Vergniaules était revenu à Saint-Nicolas, & de nouveau il s'était présenté chez la veuve du notaire.

Mais celle-ci, d'après le conseil d'Horace, l'avait fait prier de revenir le lendemain à la même heure. Alors, comme Horace l'avait supposé du reste, M. de Vergniaules s'était imaginé qu'un empêchement quelconque était survenu à Mélanie & qu'elle ne pourrait se trouver chez madame Arnaud à l'heure convenue.

— Ma parole d'honneur! s'était dit alors le commandant, tout cela commence à m'ennuyer fort. Le colonel est un original; mademoiselle Mélanie est charmante, mais... Ce *mais* était gros d'objections.

Une jeune fille élevée par son père, à la campagne, sans mère, dans une liberté absolue; une jeune fille qui avait des partis pris, exécrant les militaires, recevait à merveille un jeune homme qu'elle n'avait jamais vu & par cela seul qu'il se présentait, disait-il, à l'insu de son père; — une jeune fille qui peignait, pianotait, montait à cheval; une jeune fille qui lisait des romans...; une jeune fille qui...

Le commandant, depuis qu'on lui avait

refusé la porte de madame Arnaud, se disait tout cela & bien d'autres choses encore.

Un officier d'artillerie n'est pas précisément un poëte : c'est avant tout un homme positif, nourri dans la saine & peu attrayante étude des mathématiques, & le *nec plus ultra* de ses rêves de bonheur est une femme sérieuse, économe, rangée & qui lui puisse faire honneur aux yeux de ces messieurs de la garnison.

M. de Vergniaules faisait toutes ces réflexions, pleines de sens du reste, lorsqu'il se trouva nez à nez, dans le petit sentier de la Sapinière, avec M. Max de Verne.

— Eh! Eh! se dit-il, voilà mon jeune homme de ce matin, mon rival, je présume...

Il rendit à Max son salut & lui dit :

— Je retournais chez vous, monsieur, espérant être plus heureux que ce matin & rencontrer M. Horace, votre ami.

— Hélas! monsieur, répondit Max, j'ai la douleur de vous affirmer le contraire : Horace est absent de chez lui.

— En vérité!

— Mais je lui ai parlé de votre visite, il m'a renseigné &, à mon tour, je puis vous donner une foule d'indications...

— Ah! fit le commandant saluant de nouveau.

— D'abord, monsieur, poursuivit Max qui s'enhardit tout à coup, je crois savoir à qui j'ai l'honneur de parler.

Le commandant tressaillit.

— M. de Vergniaules, n'est-ce pas? chef d'escadron d'artillerie.

Une légère rougeur monta au front du commandant.

— En effet, dit-il, vous me connaissez, monsieur...

Max sourit.

— Je sais, répondit-il, que vous vous êtes illustré en Chine & que vous en rapportez une magnifique collection de bronzes & de potiches.

Max disait cela au hasard, & par hasard aussi il tombait juste.

— Oh! fit modestement le commandant, *magnifique* n'est point le mot. Cependant ma collection est assez complète.

— Vraiment! s'écria Max, chez qui l'amateur domina tout sur-le-champ.

— Mon Dieu! monsieur, dit M. de Vergniaules, si vous venez prochainement à Paris, je me ferai un plaisir extrême de vous montrer tout ce que j'ai rapporté.

— Mais, monsieur, dit Max, j'habite Paris ordinairement.

— Raison de plus. Comptez-vous y retourner bientôt? ajouta M. de Vergniaules en attachant un clair regard sur le jeune homme.

Max tressaillit.

— Je ne sais pas, dit-il; cela dépendra...

Il y eut entre ces deux hommes qui s'étaient devinés une minute de silence.

Max rompit la glace le premier :

— Monsieur, dit-il au commandant, vous êtes militaire, par conséquent on doit s'attendre chez vous à une franchise absolue. Je sais quel motif vous amène ici. M. le colonel de Verrières vous a promis la main de sa fille.

— C'est vrai, monsieur, dit M. de Vergniaules; mais promettre & tenir sont deux. D'ailleurs mademoiselle de Verrières est capricieuse, un peu entêtée, un peu artiste, un peu vaporeuse, un peu...

Le commandant s'arrêta. Il venait de s'apercevoir qu'il faisait de Mélanie un portrait peu flatteur.

— Mais vous-même, monsieur, reprit-il, vous êtes venu dans le pays, si je ne me trompe, un peu dans le même but.

— C'est vrai, dit Max. Du moins, c'est une idée de mon ami Horace.

— Ce qui fait, reprit le commandant avec un sourire, que nous sommes rivaux, & que la tradition exigerait à la rigueur que nous allassions nous couper la gorge au coin d'un bois.

— Oh! monsieur, dit Max en riant à son tour, les mœurs de notre siècle sont moins féroces.

— C'est vrai. Et puis je ne suis pas très-décidé, je vous l'avouerai.

— Ni moi...

— C'est juste, dit le commandant; si je suis bien informé, je crois que vous n'avez point encore vu mademoiselle de Verrières.

— Je crois aussi, ajouta Max, qu'elle vous a pris pour moi hier matin.

Les deux jeunes gens se regardèrent de nouveau & partirent d'un franc éclat de rire.

— Voyons, monsieur, reprit Max, voulez-vous vous asseoir là un moment, sur le bord de ce fossé? Nous allons causer comme de vieux amis.

— Volontiers, monsieur, répondit le commandant en s'asseyant le premier.

Max continua :

— Je n'ai pas encore vu mademoiselle de Verrières, &, par conséquent, je ne saurais en être amoureux. En revanche, je crois déjà que vous êtes fort de son goût.

— Vraiment! fit M. de Vergniaules.

— Du moins, c'est ce qu'elle a dit ce matin à mon ami Horace.

— Oui, mais parce qu'elle me prenait pour vous.

Max salua.

— Et, poursuivit le commandant, lorsqu'elle saura que je suis un de ces affreux militaires...

— Bah! si vous l'épousez vous donnerez votre démission.

— Non pas, non pas! je tiens à ma carrière &, comme on dit, j'ai envie de voir quelque jour les étoiles en plein midi.

— C'est-à-dire devenir général.

— Si un boulet ne s'y oppose pas, toutefois. Maintenant, pour revenir à notre petite affaire, je suis persuadé, monsieur, que vous me ferez grand tort dans l'esprit de mademoiselle Mélanie.

— Vous êtes trop bon, monsieur. Cependant...

— Cependant, interrompit M. de Vergniaules, je vais vous faire une proposition : j'ai vu mademoiselle de Verrières & vous ne l'avez pas vue encore. Voyez-la, après nous agirons loyalement vis-à-vis l'un de l'autre & nous la laisserons décider.

— Soit, dit Max; mais je vois que vous n'en êtes pas très-sérieusement épris.

— Eh! mon Dieu! oui & non... Je me sentirais tout disposé à l'aimer, si je ne craignais ses excentricités.

— Et moi, dit Max à son tour, je vous ferai une confidence.

— Voyons?

— Je crois avoir déjà le cœur pris.

— Comment! pour une jeune fille que vous n'avez jamais vue...

— Non, pour une femme que j'ai vue une heure.

— Ah! ceci devient plus sérieux. Mais n'importe! dit le commandant. Attendez d'avoir vu mademoiselle de Verrières.

M. de Vergniaules se leva.

— Monsieur, lui dit Max, où pourrai-je vous revoir ce soir?

— Ici, si vous voulez.

— Soit. A quelle heure?

— A la nuit.

— C'est bien. J'y serai.

Les deux rivaux échangèrent une poignée de main d'amis & se séparèrent.

Max continua son chemin vers Saint-Nicolas.

A quatre heures moins un quart il sonnait à la porte de madame Arnaud & terminait cette réflexion :

— Qui sait! mademoiselle Mélanie fera peut-être grand tort à madame Arnaud dans mon esprit.

Il sonna. La servante vint lui ouvrir & lui sourit comme à une connaissance.

Madame Arnaud était assise au coin

d'un feu d'automne, dans le salon. Max entra, &, comme la veille, il fut ébloui de cette beauté calme & triste.

— Monsieur, lui dit madame Arnaud en l'invitant à s'asseoir auprès d'elle, M. Horace sort d'ici & m'a mise au courant de la situation. Je sais tout. En outre, votre rival s'est présenté...

— Je l'ai vu, dit Max.

— Je sais cela; il est allé ce matin à la Sapinière.

— Je l'ai revu depuis. Il y a dix minutes...

— Ah! fit madame Arnaud étonnée.

— Et nous avons beaucoup causé, continua Max. Je crois qu'il n'est pas éperdument amoureux de mademoiselle de Verrières...

— En vérité!

— Et peu s'en est fallu qu'il ne me proposât de se retirer & de me céder la place.

— Mais alors, dit la veuve avec un sourire qui navra le cœur de Max, tout est pour le mieux.

— Hélas! non.

Le regard de surprise que la veuve attacha sur lui acheva de déconcerter Max.

Il reprit cependant :

— Hélas! non, madame, car, moi aussi, j'ai peur de ne point aimer mademoiselle de Verrières.

Madame Arnaud leva ses grands yeux limpides sur le jeune homme :

— Vous seriez difficile, monsieur, dit-elle. Mademoiselle Mélanie est une ravissante personne qui fera bien certainement le bonheur de l'homme qui l'épousera.

— Hélas! madame, murmura Max, on n'est pas maître de son cœur.

— Mais alors, monsieur, reprit la veuve, s'il en est ainsi, pourquoi êtes-vous venu ici, pourquoi avoir laissé votre ami, monsieur Horace...

— Horace ne sait rien de l'état de mon

cœur, &, continua le jeune homme, je l'ignorais moi-même hier...

Madame Arnaud demeura impassible.

— Monsieur, dit-elle, je ne suis pas très-forte pour deviner les charades...

— Eh bien, madame, répondit Max, dont la voix se prit à trembler, vous êtes si bonne que vous ne me refuserez pas de m'entendre, & peut-être...

— Et peut-être, dit-elle toujours calme, vous donnerai-je un bon conseil...

Alors Max osa prendre la main de la veuve & poursuivit :

— Depuis hier, madame, je me suis posé une question étrange peut-être à première vue, & qui, cependant, a sa raison d'être. — Je suis jeune, me suis-je dit, j'ai une fortune suffisante pour deux & je crois pouvoir faire le bonheur d'une femme. A quoi bon chercher une dot?

— Mais, monsieur, dit la veuve, si la femme que vous aimerez est riche... où donc est le mal?

Max secoua la tête :

— Hélas! madame, la femme que je suis tout disposé à aimer, aux pieds de qui je voudrais passer ma vie, à qui je consacrerais avec joie chaque heure de mon existence...

Max s'arrêta & leva sur la veuve un regard empli de prière.

Alors madame Arnaud, qui depuis longtemps sans doute l'avait deviné, l'arrêta d'un geste, tout en laissant sa main dans les siennes.

— Monsieur de Verne, lui dit-elle, n'achevez pas un aveu inutile & veuillez m'écouter à votre tour.

Sa voix était douce, mais emplie d'un accent d'autorité dont Max subit l'ascendant.

— Monsieur de Verne, continua-t-elle, vous avez trente ans à peine, & je devine que vous n'avez jamais aimé.

— C'est vrai, madame.

— Vous avez donc le cœur enthousiaste

& chevaleresque, &, en voyant une pauvre femme désolée, dont les restes de beauté sont pour elle un fardeau, pour qui l'avenir n'a plus de sourires, l'espérance plus de mystères, vous vous êtes dit : Il serait noble & bien d'offrir à cette femme mon nom & ma fortune...

Max étouffa un cri & voulut tomber aux genoux de la veuve.

— Ecoutez-moi, reprit-elle en le retenant, écoutez-moi encore. Supposons l'impossible & franchissons deux années. Je vous ai accordé ma main, je suis madame de Verne; j'ai trente ans, vous trente-deux; je suis une vieille femme, vous un jeune homme. Pendant les deux années qui se sont écoulées, vous avez vu chaque jour marqué par une désillusion cruelle. Vous avez d'abord respecté la douleur de la veuve, mais avec le secret espoir d'effacer cette douleur. Vous avez demandé de l'amour & de l'enthousiasme à la pauvre âme qui n'avait plus ni enthousiasme ni amour. Vous êtes devenu jaloux, jaloux d'un mort, jaloux d'un souvenir, — la plus cruelle, la plus impitoyable des jalousies; — tout vous porte ombrage, jusqu'à la tendresse de la mère pour son enfant. Quelquefois, le matin, vous me trouverez les yeux rougis & vous vous direz avec rage que c'est *lui* que je pleure... Eh bien, mon jeune ami, ce sera peut-être une autre douleur qui aura fait couler mes larmes, — la douleur de l'impuissance, la pensée que je ne puis rendre à ce cœur jeune, ardent, dévoué, chevaleresque, amour pour amour...

Et alors, monsieur, alors, mon ami, ce bonheur rêvé sera devenu un enfer pour vous, un remords pour moi...

— Oh! non, non! s'écria Max en se précipitant aux genoux de madame Arnaud, vous me jugez mal, vous êtes sévère pour l'avenir, vous ne savez pas...

— Je sais, dit-elle en le relevant & lui pressant la main à son tour, je sais que vous êtes un bon & noble jeune homme, à qui Dieu doit un vrai bonheur, un bonheur sans nuages, & je veux à présent, *je le veux !* entendez-vous, que vous épousiez une belle & bonne créature, au cœur aussi vierge que le vôtre, qui vous donnera tout ce qu'elle aura reçu de vous, amour pour amour, illusions pour illusions, tendresse pour tendresse. Et tenez, enfant, achevat-elle, vous allez voir si je mens... Voici mademoiselle Mélanie !...

En effet, la porte du salon s'ouvrit & Mélanie entra.

XI

— Ce diable de voisin! murmurait cependant le colonel de Verrières ce jour-là en sortant de table, ce diable de voisin, il est mystérieux comme un mélodrame du boulevard parisien!

Il m'a mis en tête une foule de choses saugrenues ce matin, & il ne veut pas s'expliquer...

Ah! si je ne lui avais pas donné ma parole!... comme j'interrogerais sur-le-champ cette petite rouée de Mélanie... comme je lui tirerais les vers du nez, c'est-à-dire la vérité de la gorge!

Les femmes ont beau être rouées... ce

n'est pas au colonel baron de Verrières qu'on en remontre ainsi !...

Après s'être adressé ce petit éloge, le colonel alluma un cigare & alla faire un tour dans le parc. Il avait même une forte démangeaison de pousser jusqu'à Saint-Nicolas, dans le secret espoir d'y rencontrer ce prétendu M. de Vergniaules, comme il l'appelait depuis une heure en se parlant à lui-même.

Mais une réflexion pleine de prudence l'arrêta.

— Si je le rencontre, se dit-il, je lui chercherai querelle, & cette histoire de mariage finira par un duel. Il vaut mieux savoir la vérité avant d'en venir là.

M. de Verrières se dédommagea en gourmandant les jardiniers. Il fit une petite scène à un palefrenier novice qui étrillait mal un cheval; il molesta d'importance le cocher, qui laissait traîner ses harnais dans l'écurie, & donna un violent coup de pied à un chien de chasse qui venait le caresser.

Cela fait, il se calma & fuma un nouveau cigare.

Mélanie s'était mise à son piano & jouait une polka tirée des *Deux Aveugles*.

Horace revint. Le vieux garçon sortait de chez la veuve. Le colonel courut à lui :

— Eh bien? dit-il avec l'anxiété d'un amoureux.

Horace mit un doigt sur ses lèvres :

— Chut! dit-il. Avant de vous rien dire, il me faut causer quelques minutes encore avec mademoiselle Mélanie.

— Mais enfin vous êtes fixé?

— Peut-être...

— Au diable vos mystères! voisin...

— Ma foi! colonel, dit Horace, mettons que je n'ai rien dit, & débrouillez vos affaires tout seul...

— Là... là... là... ne vous fâchez pas.

— Alors, laissez-moi faire...

— Soit. Je vais aller me promener.

— Non pas, vous allez rester.
— Où ?
— Là, parbleu ! sur ce banc...

Le colonel s'inclina d'un air docile & Horace entra dans la maison. Il monta tout droit au boudoir de Mélanie & frappa.

La jeune fille fronça le sourcil en le voyant entrer :

— Est-ce que vous m'apportez un nouveau contre-ordre, mon voisin ? dit-elle.

— Ah ! je vous apporte bien autre chose, dit Horace en riant.

Il poussa la porte derrière lui, puis il alla fermer la croisée.

— Mon Dieu ! fit la jeune fille, voilà bien des mystères.

— J'en conviens ; seulement, ils sont nécessaires. Êtes-vous sûre qu'on ne nous entendra point ?

— Certainement.

— Qu'on ne viendra point nous déranger...

— Mais qu'avez-vous donc à me dire ?

— Que vous êtes mystifiée, mademoiselle.

Mélanie était la fille de son père. Le mot de *mystification* sonna si mal à son oreille, qu'elle se leva toute frémissante.

— Et qui donc me mystifie? s'écria-t-elle. Serait-ce votre ami?

— Nullement. D'abord, dit Horace avec calme, mon ami ne vous a jamais vue.

— Hein? fit Mélanie stupéfaite.

— C'est monsieur votre père & le commandant de Vergniaules qui se moquent de vous.

— Mon père! monsieur de Vergniaules!...

— Eh! mon Dieu! oui. Mon ami est demeuré deux heures hier, à vous attendre chez madame Arnaud.

— Mais, puisqu'il était venu ici le matin...

— Ce n'est pas lui...

— Comment! ce jeune homme...

— Ce jeune homme est un comédien; il

joue les *jeunes premiers* & le colonel les *pères nobles*.

Alors Horace, qui comme ruse suprême entrait dans la voie de la franchise, raconta à Mélanie stupéfaite la rencontre du colonel lisant un roman & du commandant venant réclamer sa femme; puis il lui narra dans tous ses détails le petit complot ourdi par le colonel.

— Ainsi, dit Mélanie, quand il disait m'avoir vu déjà...

— Il mentait...

— Et l'amour dont il parlait...

— Le colonel lui avait soufflé son rôle...

— Mais c'est une trahison! s'écria Mélanie.

— Parbleu!

— Et ce monsieur de Vergniaules est un homme odieux...

— Vous le trouviez charmant ce matin.

— Et maintenant je le déteste!...

— Bah! fit Horace, vous l'adorerez demain.

— Oh! je vous jure...

— D'ailleurs il sera votre mari, puisque votre père le veut...

— Mon père! Ah! vous allez voir!... dit la jeune fille, qui n'attendait que ce mot pour éclater.

Elle courut à la croisée & l'ouvrit.

— Que faites-vous? demanda Horace.

— Je vais faire mon petit coup d'État, ma petite révolution, répondit-elle.

Elle avait vu le colonel assis sur un banc dans le parc & fumant un troisième cigare.

— Hé! papa, papa! cria-t-elle; monte donc un peu... j'ai besoin de toi.

Puis elle revint à Horace & lui dit froidement :

— Mon père a fait toute sa vie grand bruit & grand tapage, mais cela n'est pas sérieux. C'est l'histoire de la tempête qui s'abat sous un peu de pluie. Le jour de la pluie est venu... vous allez voir!

L'accent résolu, l'attitude calme de Mélanie la montraient à Horace sous un jour tout nouveau.

— Hum! se dit-il, est-ce que le règne du colonel serait à sa dernière heure?

Le colonel arriva & fut un peu surpris, peut-être même un peu ému, du sang-froid & du regard étincelant de sa fille.

— Assieds-toi donc, papa, lui dit Mélanie : nous avons à causer longuement.

— Bah! fit le colonel pris d'une vague inquiétude.

Et il s'assit.

Mélanie alla se placer vis-à-vis de lui, laissant Horace au milieu.

— Bon! fit le vieux garçon, me voici entre deux feux, & l'explication promēt d'être chaude. Pourvu qu'on ne me jette pas la pendule à la tête!

— Mais qu'est-ce que tu me veux donc? demanda le colonel de plus en plus inquiet.

— Tu vas voir.

Et Mélanie s'adressant à Horace :

— Tenez, mon voisin, dit-elle, je vous

présente le colonel de Verrières, mon père, un homme terrible qui brise & casse tout, rosse ses valets, tyrannise ses gens & a la prétention de jouer avec sa fille au père de mélodrame...

L'accent calme & railleur de Mélanie produisit sur le colonel un effet tout autre que celui qu'attendait Horace.

Au lieu de s'emporter, le colonel se mit à rire.

— Est-ce que mademoiselle, dit-il, songerait à secouer l'autorité paternelle & à se révolter?

— C'est fait, répondit froidement Mélanie. Je suis en pleine révolte.

— Hein? fit le colonel en fronçant le sourcil.

— Bon! cela ne me fait plus peur. Et même, ajouta Mélanie en riant, tu me ferais plaisir de te fâcher, papa. Tiens! veux-tu casser une toute petite chaise?...

— Mais, Dieu me pardonne!... s'écria M. de Verrières.

— Cela ferait bien, reprit Mélanie, mais très-bien dans la petite comédie que joue depuis hier matin, avec son futur gendre, M. le colonel de Verrières...

— Comment ! tu sais...

— Je sais, répliqua froidement Mélanie, que M. de Vergniaules se conduit comme un paillasse & non comme un officier, & que mon père, en se prêtant à cette odieuse comédie, a perdu tous ses droits à mon respect & à mon affection.

Le colonel jeta un cri, devint rouge comme un homard cuit, voulut se lever furibond & retomba abasourdi sur son siége, attachant sur sa fille un œil hébété.

Mélanie ne lui laissa point le temps de respirer :

— Et maintenant, papa, acheva-t-elle, toujours calme & railleuse, écoute bien ce que je vais te dire, avant que tu entres en fureur. Je ne *veux* pas, entends-tu, épouser M. de Vergniaules, & je veux me marier à ma fantaisie...

— Mais, malheureuse !... murmura le colonel d'une voix étouffée.

— Sans cela, j'entre au couvent, foi de Verrières ! comme tu dis...

— A présent, fâche-toi, emporte-toi, brise tout ici... cela m'est égal !

M. de Verrières ne fit rien de tout cela. Le calme de sa fille l'avait plongé dans la stupeur & il comprit que sa première bataille était une défaite.

Il regarda tour à tour Horace & sa fille, puis il se leva en poussant un profond soupir & s'en alla sans mot dire...

Alors Mélanie eut un mot superbe :

— Voilà, dit-elle, le Waterloo de l'autorité paternelle. A présent, mon cher voisin, montrez-moi votre ami. S'il me plaît, je vous jure que je j'épouserai.

XII

Retournons à présent chez madame Arnaud, au moment où la porte s'ouvrait & livrait passage à mademoiselle Mélanie de Verrières. Mélanie était belle, & sa beauté semblait avoir gagné un éclat tout nouveau à la scène véhémente qui venait d'avoir lieu à la Renaudière.

Avouons-le à la honte de la race masculine, Max de Verne céda à cet irrésistible entraînement qui veut que l'homme dont le cœur est déjà plein d'une femme ne se fasse aucun scrupule d'en admirer une autre.

Max fut légèrement ébloui, & malgré lui il fit cette réflexion :

— Quel dommage que je n'aie point vu mademoiselle Mélanie de Verrières tout de suite, avant madame Arnaud!... j'en serais peut-être devenu amoureux.

M. de Verne & Mélanie se saluèrent comme des gens qui, bien que ne s'étant jamais vus, se connaissent parfaitement & sont depuis longtemps présentés l'un à l'autre.

Cependant Max, gêné par la présence de madame Arnaud, demeura sur le pied d'une réserve excessive.

Cette froideur plut à Mélanie.

L'entrevue, du reste, fut courte. On échangea quelques paroles banales, on parla beaucoup du voisin Horace, &, une demi-heure après, Mélanie se leva.

Madame Arnaud laissa Max au salon & reconduisit mademoiselle de Verrières jusque sur la route.

— Eh bien? lui dit-elle, comment trouvez-vous l'ami de M. Horace?

Malanie rougit.

— Je le trouve fort distingué & charmant, dit-elle.

— Vous plairait-il pour mari?

— Mais, répondit la jeune fille en souriant, je ne sais pas encore si je lui plais, moi.

— Oh! j'en suis persuadée...

Mélanie soupira.

— Je lui ai pourtant trouvé l'air froid & sévère, dit-elle.

— Un peu de timidité.

Mélanie n'eut point le temps de répondre.

Un troisième personnage se montra sur la route & vint à leur rencontre.

C'était M. Horace.

Mélanie le menaça du doigt en souriant :

— Oh! le curieux, dit-elle.

— Curieux & inquiet, répondit Horace.

— Inquiet?

— Oui, je cherche votre père & ne le puis trouver.

— Bah!

— Vous savez que je vous ai accompagnée jusqu'à la grille du parc, puis je me suis mis en quête du colonel.

— Eh bien ?

— Il n'est ni au château, ni dans le parc, ni dans la sapinière voisine. Je crains que votre révolte ne l'ait poussé à quelque acte de désespoir.

Mélanie se prit à rire :

— Ne craignez rien, dit-elle, & donnez-moi le bras ; nous avons à causer.

La jeune fille embrassa madame Arnaud, qui salua Horace & rentra chez elle, tandis que le vieux garçon reprenait, avec mademoiselle de Verrières, le chemin du château.

La veuve retrouva Max tout pensif.

Il s'était accoudé à la fenêtre & promenait son regard sur le jardin, dans lequel l'enfant jouait.

Madame Arnaud vint à lui souriante.

— N'est-ce pas, lui dit-elle, que mademoiselle Mélanie est belle ?

— Moins belle que vous !... soupira Max.

— Encore ? fit la veuve souriant toujours. Vous êtes fou, mon jeune ami.

Elle lui prit la main avec un élan affectueux :

— Savez-vous, dit-elle, qu'elle vous trouve charmant... & que vous n'avez qu'à vouloir... Allons, promettez-moi d'être raisonnable... le bonheur vous ouvre sa porte : entrez !... Max regardait toujours la veuve avec une expression de regret ; mais il courba la tête & se tut.

Il y eut entre eux un moment de silence.

Ce fut madame Arnaud qui le rompit la première.

— Vous allez partir, mon ami, & me faire une promesse, dit-elle.

— Parlez, fit-il d'un ton soumis.

— Vous allez me promettre d'épouser mademoiselle de Verrières.

— Mais...

— Vous lui plaisez, ajouta-t-elle simplement.

Max se fût volontiers remis aux genoux de la veuve, & peut-être allait-il lui répéter : « Je vous aime !... »

Elle l'arrêta d'un geste.

— Partez, dit-elle; retournez à la *Sapinière :* M. Horace vous y attend sans doute.

Max se leva, baisa la main de madame Arnaud & sortit sans mot dire.

Lorsqu'il fut au grand air, notre héros se prit à réfléchir; puis il eut comme une révélation assez vague de la vérité.

— Il est étrange, se dit-il, qu'une pauvre veuve sans fortune, ayant un enfant à sa charge, refuse un homme jeune, riche & qui jure de faire son bonheur !...

Elle a mis en avant un motif de délicatesse exquis, mais bien invraisemblable.

Qui sait ? peut-être aime-t-elle quelqu'un autre que son mari défunt?

Max s'arrêta à cette pensée, & il en

éprouva un certain dépit, en vertu des lois de la fatuité humaine.

— Eh bien! elle a raison, se dit-il; j'épouserai mademoiselle de Verrières!...

Il se mit à marcher d'un pas rapide & arriva ainsi jusqu'au petit sentier qui conduisait de Saint-Nicolas à l'habitation d'Horace, & dans lequel il avait laissé M. de Vergniaules.

Le commandant était toujours assis au revers du fossé, & il fumait tranquillement son cigare.

— Eh bien? fit-il en voyant revenir Max & se levant pour aller à lui.

— Vous m'avez attendu?...

— Parbleu! j'étais curieux de savoir comment vous la trouveriez.

— Mais elle est charmante, dit simplement M. de Verne.

— Alors vous l'épousez?

— Mais... cela dépend...

— Hein?

— Est-ce que vous n'êtes pas venu pour cela, vous-même, commandant?

— C'est vrai, mais j'ai réfléchi de plus en plus depuis une heure.

— Vraiment? & le résultat de vos réflexions...

— C'est que mademoiselle de Verrières, qui a toutes les qualités requises pour vous rendre parfaitement heureux, n'a aucune de celles qui font le bonheur d'un militaire.

— Vous croyez?

— Oh! j'en suis sûr.

— Alors, vous vous retirez?...

— Dame! si je puis compter sur vous...

— Comment cela?

M. de Vergniaules offrit un cigare à Max & reprit :

— Écoutez-moi bien. Si je me retire, c'est que vous prenez ma place. La chose est impossible autrement. Sans cela mademoiselle Mélanie se trouverait compromise.

— C'est juste. Cependant...

Max songeait toujours à madame Arnaud, & il soupira.

Le commandant se méprit à ce soupir. Il le prit pour la dernière résistance d'un cœur empli de délicatesse.

— Allons! dit-il à Max, promettez-moi que vous épouserez mademoiselle de Verrières, & je me charge de faire la demande.

— La demande en mariage?

— Oui.

— Ce sera drôle, murmura Max.

En ce moment cette pensée qu'il avait déjà eue en chemin, à savoir que madame Arnaud pouvait bien aimer quelqu'un, cette pensée lui vint en aide.

— Soit, dit-il; si mademoiselle de Verrières veut bien de moi, je l'épouserai.

— Votre parole?

— Je vous la donne.

Les deux jeunes gens, qui cheminaient lentement vers l'habitation d'Horace, entendirent tout à coup des pas précipités derrière eux & se retournèrent.

Un homme assez gros, qui paraissait essoufflé, arrivait sur eux en courant.

— Tiens! dit M. de Vergniaules, c'est le colonel.

— Le père de Mélanie?

— Oui.

M. de Verrières reconnut de loin M. de Vergniaules à son paletot blanc.

Il accourait vers lui, rouge & l'œil hagard.

Le colonel, si humble & si souple une heure auparavant, en présence de sa fille, avait retrouvé une de ces belles colères dont il possédait le merveilleux secret.

— Ah! vous voilà! dit-il, vous voilà, monsieur!

— Bonjour, colonel, répondit M. de Vergniaules.

— Il ne s'agit pas de me dire bonjour, il s'agit...

Et le colonel s'arrêta pour toiser Max des pieds à la tête.

— Monsieur est un de mes amis, dit froidement M. de Vergniaules. Mais qu'avez-vous donc, colonel ?

— Ce que j'ai ? Oh ! vous allez le savoir... Mais, d'abord, ce n'est pas à vous de m'interroger. Répondez-moi, au contraire.

— J'écoute.

— Qu'êtes-vous donc devenu depuis deux jours ?

— J'ai parcouru les environs.

— Bon ! après ?

— Après, j'ai beaucoup songé à mademoiselle votre fille.

— C'est inutile.

— Ah ! vous me la refusez ?

— Ce n'est pas moi ; c'est elle.

— Tiens ! Eh bien, fit M. de Vergniaules en soupirant, voilà qui tombe à merveille !

— Plaît-il? s'écria le colonel, qui devint écarlate.

— Oui sans doute, & si mademoiselle Mélanie a réfléchi, moi, de mon côté...

— Comment! exclama le colonel, est-ce que vous oseriez maintenant vous retirer? Mais vous m'insultez, monsieur!

— Ce n'est pas moi qui me retire le premier, c'est...

Le colonel frappa du pied.

— Il faudra bien que ma fille fasse ce que je voudrai.

— Mais, colonel...

— Et si vous avez le malheur de faire un pas en arrière!

— Eh bien?

— Eh bien! je vous tuerai !...

Et M. de Verrières prit une fort belle attitude & se campa un poing sur la hanche.

— Ma foi! répondit M. de Vergniaules les choses prennent une singulière tournure, mon cher colonel, mais peu m'importe!

— C'est-à-dire que vous épouserez ma fille?

— Pas le moins du monde.

— Alors vous vous battez avec moi?

— Sans doute. Je suis à vos ordres...

— Eh bien! sur-le-champ, alors...

— Pardon ; mais pour cela il nous faudrait des épées.

— Il y en a là-bas...

Et M. de Verrières montrait la maison d'Horace.

— Soit : allons!

Comme Max stupéfait suivait machinalement le colonel & M. de Vergniaules, un nouveau bruit de pas se fit entendre dans le sentier.

C'était Horace qui revenait du château.

Horace regarda tour à tour le colonel, M. de Vergniaules & Max.

Le colonel était écarlate, Max étonné, M. de Vergniaules parfaitement calme.

— Voisin, dit le colonel, vous avez des épées ?

— Qu'en voulez-vous faire, colonel ?

— Tuer monsieur.

— C'est-à-dire essayer, fit M. de Vergniaules en riant.

— Peste ! dit Horace, le beau-père & le gendre !

— C'est parce que monsieur ne veut plus être mon gendre que je veux le tuer !

— Monsieur, répondit le commandant, je n'ai ni séduit ni compromis mademoiselle de Verrières, &...

— Des épées ! des épées !... hurla le colonel.

Et il doubla le pas.

Alors M. de Vergniaules se pencha à l'oreille d'Horace :

— Laissez-moi me battre, dit-il. C'est le seul moyen de venir à bout de ce vieil entêté ; je vous promets de le ménager.

Il y avait à la *sapinière* une vaste serre couverte dont le sol était sablé.

Horace dit au colonel :

— Je suis votre témoin ; monsieur, — & il désignait Max, — est le témoin du commandant. Je vais vous donner une belle paire d'épées toutes neuves, mais vous vous battrez dans la serre.

— Pourquoi pas en plein air ?

— Parce que mes gens sont dispersés tout autour de la maison & que les champs voisins sont pleins de monde.

— Soit, dit le colonel. Pourvu que je tue ce godelureau...

On entra dans la serre & Horace alla chercher des épées.

Le colonel ôta sa veste de toile grise, retroussa les manches de sa chemise, dénoua sa cravate & se campa fièrement le poing sur la hanche.

M. de Vergniaules fit les mêmes préparatifs beaucoup plus modestement, puis, comme son adversaire, il se mit en garde.

— Ah ! vous ne voulez plus de ma fille ? s'écria M. de Verrières.

Et il fondit l'épée haute sur son adversaire, avec l'impétuosité d'un sous-lieutenant.

M. de Vergniaules subit ce premier choc avec calme, para justement un furieux coup droit & continua à se tenir sur la défensive.

— Vous êtes toujours le brillant colonel dont j'ai ouï parler, dit-il. Vous venez d'exécuter sur moi une charge à fond. Bravo, colonel !

M. de Verrières attaquait avec fureur; mais le fer rencontrait le fer.

Parfaitement maître de lui, le commandant parait tous les coups.

— Tenez, colonel, dit-il, nous allons faire comme les héros d'Homère qui se racontaient leurs amours ou leur généalogie en s'escrimant au javelot. Et maintenant que nous ferraillons, je vais vous expliquer pourquoi je décline l'honneur d'être votre gendre...

— Ah! vous me raillez?... Nous allons bien voir!...

Et le colonel, furieux, se fendit.

— Vous avez failli vous enferrer, dit froidement M. de Vergniaules. Sur le terrain, on ne se fend pas!

Et le commandant poursuivit, parant toujours :

— Mademoiselle Mélanie est charmante. Elle a de l'esprit, elle est belle, elle est riche, & elle mérite mieux que moi, mon cher colonel.

— Je vous défends de parler de ma fille! hurla le colonel.

— Bon! encore une imprudence! vous venez de vous découvrir... j'aurais pu vous tuer. Je poursuis... Ce qu'il faut à mademoiselle de Verrières, c'est un jeune homme oisif, habitant Paris, n'ayant d'autre maître que sa femme... &, parbleu! je vous jure, mon cher colonel... Mais prenez donc garde! voilà que vous vous découvrez encore!...

— Oh! mais je ne le tuerai donc pas? s'écria le colonel.

Et il se rua avec une impétuosité nouvelle sur M. de Vergniaules.

Celui-ci fit un saut de côté & l'épée du colonel fila dans le vide.

Horace, qui s'était armé d'une canne, s'interposa alors.

— Reprenez haleine! dit-il. Voici plus de trois minutes que vous avez le fer à la main.

— Soit, dit le colonel tout essoufflé.

Et il piqua son épée en terre.

— Ce qui, dit M. de Vergniaules, s'appuyant sur la sienne, ne nous empêche nullement de causer.

— Je n'ai nul besoin de causer avec vous... dit brusquement le colonel.

— Pardon! je tiens à vous convaincre. J'ai de l'ambition, — l'ambition de ma carrière. — Si j'épouse votre fille, elle exigera que je donne ma démission...

— Eh bien! vous la donnerez!...

— Non pas, je veux devenir général. Tenez, regardez monsieur qui a bien voulu me servir de témoin...

Le colonel jeta un regard louche sur Max.

— Il est joli garçon, poursuivit M. de Vergniaules, il a trente mille livres de rentes... il est *pékin*...

— Qu'est-ce que cela me fait?

— Et il aime votre fille...

— Ah! ah! ricana le colonel.

Et se tournant vers Max :

— Attendez que j'aie tué monsieur, dit-il, & nous réglerons nos comptes!

Le colonel se remit en garde & attaqua de nouveau.

— Vous avez tort, continua M. de Vergniaules, aussi calme devant l'épée du colonel que s'il se fût trouvé dans une salle d'armes, un simple fleuret à la main. Vous avez tort. M. Max de Verne que je vous présente est certainement le mari qu'il faut à votre fille.

Ces derniers mots exaspérèrent le colonel.

— Oh! cet homme me raille!... il faut en finir!... s'écria-t-il.

Et il se fendit à fond..

M. de Vergniaules esquiva le coup & lui appuya la pointe de son épée sur la poitrine, avant que le colonel eût pu se relever.

— Eh bien! dit-il, convenez qu'il faut avoir bonne envie de conserver un beau-père à mon ami Max de Verne pour résister à la tentation.

Sur ces mots, le commandant fit un saut en arrière & le colonel, pâle de honte & de rage, se releva.

En ce moment la porte de la serre s'ouvrit & une femme entra.

C'était Mélanie.

Elle vit les épées, jeta un cri & se suspendit au cou de son père avec un élan de tendresse & d'effroi impossible à traduire.

Toute la fureur du colonel tomba devant ses caresses.

— Mais tu es donc redevenu sous-lieutenant, papa? s'écria-t-elle lorsqu'elle se fut assurée que son père n'était pas blessé.

Elle pleurait & riait en même temps.

— Vieux fou! dit-elle.

Et elle l'embrassa encore.

— Allons, mon voisin, dit Horace, rendez-moi donc votre épée...

— Mais... fit le colonel embarrassé, ce n'est pas fini...

— C'est-à-dire que M. de Vergniaules a pu vous tuer & que s'il ne l'a pas fait...

— C'est, dit Mélanie, pour que je lui pardonne la comédie qu'il a jouée hier.

— Mademoiselle, répondit le commandant, je me suis déjà puni, car j'ai pris la résolution de demander, avec votre assentiment, à monsieur votre père, votre main pour mon ami M. Max de Verne.

Mélanie devint écarlate & baissa les yeux.

Alors le colonel, qui avait besoin d'une revanche, prit la main de Max & lui dit :

— Sacrebleu! monsieur, puisque tout le monde ici conspire contre moi, — mon voisin Horace lui-même, — il faut bien que je cède; mais rappelez-vous que si vous ne rendez pas ma fille la plus heureuse des femmes... & le colonel roulait des yeux terribles, je vous couperai les oreilles!...

— Mais tais-toi donc, Barbe-Bleue, — s'écria Mélanie en riant.

Elle lui sauta au cou, ajoutant :

— Tu es le meilleur des hommes & tu as passé ta vie à te croire méchant.

Un mois après, M. Max de Verne épousa, dans la petite église de Saint-Nicolas, mademoiselle Mélanie de Verrières.

Les témoins des mariés étaient Horace & M. de Vergniaules.

Il y eut un déjeuner à la Renaudière après la messe.

On avait invité madame Arnaud & son enfant.

Une chaise de poste tout attelée attendait les jeunes époux au sortir de table.

Ils allaient passer en Suisse un grand mois de lune de miel.

XIII

Quelques heures après, Max de Verne & sa jeune femme avaient quitté la Renaudière, laissant M. de Vergniaules tenir compagnie au colonel & profiter d'un congé de deux mois.

— Tu devrais venir avec nous, papa, dit Mélanie au colonel, au moment où elle montait en voiture.

— Non, mon enfant, répondit M. de Verrières, dont le caractère violent s'était fort modifié; il faut laisser les jeunes gens seuls. Un beau-père ou une belle-mère gâtent tout sans le vouloir.

— Mais, fit Mélanie, quand tu épousas

maman, est-ce que tu n'emmenas pas ta belle-mère?

— Aussi la lune rousse ne fut pas longue à venir... Bon voyage, mes enfants!...

Horace laissa M. de Vergniaules avec le colonel & reconduisit madame Arnaud chez elle.

Le vieux garçon était silencieux, — la veuve mélancolique.

Ils arrivèrent à la porte de la petite maison.

— Vous ne voulez pas vous reposer un moment? demanda la veuve.

— Non, répondit Horace, merci; pas aujourd'hui...

— Et pourquoi? fit-elle en attachant sur lui son grand œil limpide.

— J'ai affaire chez moi.

— Ah!...

Horace baisa la main de madame Arnaud & ajouta :

— Écoutez, ma chère voisine, un vieux

garçon comme moi peut tout oser; qu'en pensez-vous?

Madame Arnaud le regarda étonnée.

— Que voulez-vous dire? fit-elle.

— Si j'osais vous inviter à venir demain à la Sapinière?

Elle tressaillit.

— Vous êtes veuve & je suis garçon. Partout ailleurs qu'ici cela pourrait faire jaser... mais ici!...

— Oh! dit madame Arnaud, que cela ne vous cause aucun souci.

— Vous viendrez?

— Oui.

— Et nous causerons de l'avenir de votre enfant, n'est-ce pas?

La pauvre femme fut prise d'une émotion subite.

— Vous voulez donc toujours vous occuper de lui? fit-elle.

— Mais c'est convenu depuis longtemps, dit simplement Horace. Vous déjeunerez avec moi. J'ai besoin de quelques conseils pour tenir ma maison, vous ne me les refuserez point, n'est-ce pas?

Ces derniers mots, si madame Arnaud eût hésité un seul instant, l'eussent décidée.

Elle rentra chez elle toute pensive, & Horace s'en alla.

Le vieux garçon cheminait, le front penché, dans le petit sentier bordé de bruyères qui conduisait à son habitation.

Et tout en marchant il se disait :

— Voilà qui est étrange! Mais j'ai des tressaillements de cœur comme à vingt ans...

Est-ce que j'aimerais madame Arnaud?

Horace avait la naïveté d'un homme dont la jeunesse a été peu orageuse & qui vit depuis longtemps à la campagne.

Il s'était si bien répété depuis nombre d'années que le mariage est le port le moins sûr du monde, que l'homme qui se marie fait presque toujours un pas de clerc, qu'enchaîner sa liberté est une folie, etc., qu'il avait fini par croire à toutes ces belles théories.

Et voici que son cœur battait...

Il rentra chez lui & chercha à se distraire.

Il prit un livre, qu'il jeta bientôt sur une table.

Il fit le tour de son jardin, songeant toujours à la pauvre veuve.

Le soir, se retrouvant seul au coin de son feu, & toujours préoccupé, il finit par se dire :

— Tout cela est absurde ! J'ai quarante ans sonnés... on ne se marie pas à mon âge. D'ailleurs, quelle est la femme qui m'aimerait ?

Non, j'élèverai cet enfant : ce sera ma préoccupation de l'avenir, la joie de ma vieillesse ; en voilà bien assez pour remplir ma vie.

Comme il songeait à se coucher, il entendit résonner la cloche de la grille.

Un visiteur lui arrivait. C'était M. de Vergniaules.

Le commandant était venu, en fumant son cigare, proposer une partie de chasse pour le lendemain.

— Savez-vous, mon cher commandant, lui dit Horace en lui versant une tasse de thé, que vous êtes l'homme plein d'abnégation par excellence?

— Et je ne suis pas le seul, répondit M. de Vergniaules en souriant.

— Comment cela?

— Quoi! vous ne savez rien?

— Que voulez-vous donc que je sache?

— Votre ami Max a failli ne point épouser mademoiselle de Verrières.

— Bah! lui aussi?

— Et, un moment, j'ai cru à un dénoûment tout autre.

— Vraiment?

— Savez-vous qu'il s'était épris de cette charmante veuve...

— Madame Arnaud?

— Justement.

Horace tressaillit de nouveau.

Le commandant poursuivit :

— Il s'est même jeté à ses genoux & lui a fait l'aveu de son amour en lui offrant sa main & sa fortune.

— Et elle a refusé?

— Oui.

— Mais... quelles raisons lui a-t-elle données?

— Une seule : qu'elle était trop âgée pour lui. Mais ce motif, je crois, était un prétexte.

— Comment cela?

— Je crois que son cœur n'est plus libre...

Horace eut un frisson étrange qui lui courut par toutes les veines.

Puis il changea brusquement de conversation.

Le commandant se dit en quittant la Sapinière :

— Je crois qu'il a compris.

Le lendemain, vers dix heures, madame Arnaud arriva donnant la main à son enfant.

Horace était pâle, un peu triste, & son œil était brillant de fièvre.

— Seriez-vous malade, monsieur Horace? lui dit-elle.

— Oui & non.

— Singulière réponse.

— Tenez, ma voisine, reprit le vieux garçon, venez faire un tour de jardin en attendant le déjeuner. J'ai à vous parler...

Madame Arnaud tressaillit à son tour, mais elle le suivit.

Horace emmena la veuve dans le fond du jardin, il la fit asseoir sur ce banc où nous les avons déjà vus, & là, lui prenant les mains :

— Pauvre femme! dit-il, je sais tout... Max vous aimait, il vous offrait son nom & sa fortune, à vous dont l'avenir était si noir, & vous avez eu l'héroïsme de refuser...

Madame Arnaud se prit à sourire :

— Mon héroïsme est bien simple, dit-elle.

— Et vous ne le regretterez pas?

— Non.

Ce mot fut prononcé avec un tel accent de franchise qu'un cri de joie échappa au vieux garçon.

Et, tenant toujours les deux mains de madame Arnaud dans les siennes :

— Vous avez refusé l'amour d'un jeune homme, dit-il; mais refuseriez-vous l'amitié, l'affection d'un homme déjà mûr, déjà grisonnant...

Madame Arnaud devint pâle & Horace sentit ses mains trembler.

— Tenez, ma voisine, continua simplement le vieux garçon, votre aveu me met à l'aise; vous n'aimiez pas Max, n'est-ce pas?

— Non.

— Et si je me mettais à vos genoux & vous disais :

Il y a bien longtemps que je vous aime & ne me l'étais jamais avoué; je voulais adopter votre enfant; faisons mieux... épousez-moi... je vous aimerai de toute mon âme & je ne serai point jaloux du passé...

Horace, en parlant ainsi, voulut se mettre à genoux, madame Arnaud le retint :

— Ah! dit-elle avec un de ces élans intraduisibles de reconnaissance & d'amour, vous vous trompiez, mon ami, quand tout à l'heure vous prétendiez tout savoir... vous ignoriez que, depuis le jour où vous êtes venu au secours de la pauvre veuve, son cœur vous appartenait...

Elle appela l'enfant qui jouait dans le jardin :

— Paul, dit-elle, embrasse ton père!...

FIN

HISTOIRE

D'UN

COUTEAU DE CHASSE

HISTOIRE

d'un

COUTEAU DE CHASSE

I

Mon grand-père était, en 1787, officier aux gardes-du-corps.

Les gardes-du-corps avaient, on le sait, six mois de congé & six mois de service; ils étaient divisés en six compagnies dont trois étaient toujours en semestre. Chaque garde passait donc six mois dans ses terres & six mois à la cour.

A cette époque il y avait peu de grandes routes & point de messageries. L'officier, qui habitait une province éloignée, achetait d'ordinaire, en partant de chez lui, un cheval trapu & de lourde apparence, qui avait les reins solides & le jarret robuste, & il regagnait Paris à petites journées, vendant son roussin le lendemain de son arrivée au quartier de cavalerie où l'attendaient les chevaux du roi.

Or, au mois d'octobre 1787, mon grand-père voyageait ainsi sur la route de Paris à Lyon, retournant dans sa famille avec un congé parfaitement en règle, signé Beauveau & Montbarrey, les signatures du capitaine de sa compagnie & du ministre de la guerre.

Il avait, la veille au matin, traversé la petite ville bourguignonne d'Auxerre & il se dirigeait sur Clamecy, après avoir couché dans un village du nom de Courson.

A une lieue de Courson, son cheval se déferra, force lui fut de renoncer à faire, ce jour-là, une longue étape, & il se promit de s'arrêter au pied du premier clocher qu'il rencontrerait.

A deux heures de l'après-midi, après avoir traversé de grands bois, il aperçut, au fond d'une sorte d'entonnoir couronné de hautes futaies dans tous les sens, un château & un village.

Manoir & village portaient le nom de Fouronne.

Le village comptait cent feux tout au plus, le manoir était une assez belle demeure habitée par un gentilhomme d'un âge mûr, le vicomte de Mailly, qui y vivait dans une retraite absolue & dans un isolement complet.

Il y avait au moins dix ans que le vicomte n'avait franchi la haie de clôture de son parc & frappé à la porte de l'un de ses voisins.

Le vicomte avait une femme fort belle & point d'enfants. Sa femme ne se montrait pas plus que lui, & les serviteurs du château, quand on les questionnait, répondaient que leur maître était toujours sombre, & que leur maîtresse pleurait bien souvent, sans que personne eût jamais deviné la cause de ses larmes.

Cependant le vicomte était hospitalier; lorsqu'un étranger, attardé & surpris par la nuit ou égaré dans les bois, venait frapper à la porte du manoir, il y était reçu avec une courtoisie affectueuse. L'étranger demeurait au château tant que bon lui semblait, le vicomte paraissait ravi de sa compagnie & passait chaque journée à lui faire convenablement les honneurs de son logis; — mais si l'étranger se hasardait à faire au vicomte quelques questions sur ses voisins & se montrait étonné de ne jamais voir un visiteur du pays s'arrêter à la grille du manoir, — alors le châtelain devenait sombre, mélancolique & de méchante humeur.

Fouronne, comme la plupart de nos villages avant la Révolution, était dépourvu de toute espèce d'hôtellerie & possédait à peine un cabaret où les paysans se venaient griser le dimanche.

Pour le voyageur l'embarras du choix n'existait donc pas, & il était dans la nécessité d'aller sonner à la porte du château, s'il voulait avoir un gîte convenable.

C'est ce que fit mon grand-père.

Un parc assez vaste, mais inculte & d'aspect sauvage, précédait le château, qu'on apercevait au fond d'une avenue de tilleuls & de marronniers. A l'entrée de ce parc était une porte grillée à laquelle pendait une chaîne qui correspondait à une cloche placée sur le toit même du château.

Le bruit que rendait cette cloche, quand on agitait la chaîne du parc, était lugubre; on eût dit qu'il éveillait des échos endormis & des hôtes depuis longtemps éteints.

Un vieux domestique, sorte de Caleb taciturne & borgne, qui ressemblait assez à un chien d'âge qui ronge & défend perpétuellement un os, venait ouvrir aux étrangers & s'enquérait, avec une politesse froide, du motif de leur visite.

— Mon brave homme, lui dit mon grand-père, votre maître, dont je n'ai pas l'honneur d'être connu, du reste, donne-t-il l'hospitalité à un gentilhomme dont le cheval est boiteux & qui ne trouve aucune hôtellerie sur son chemin ?

— Êtes-vous étranger, monsieur ?

— Je viens de Paris, je suis garde-du-corps.

— Si monsieur veut me suivre, répondit le domestique en s'inclinant, le vicomte de Mailly, mon maître, sera bien heureux de le recevoir.

Et le domestique ouvrit la grille du parc à deux battants, & le garde-du-corps entra sans mettre pied à terre.

L'air mystérieux du valet, l'état de dégradation du parc, l'apparence morne du château qu'on apercevait à travers les arbres à demi dépouillés par le vent d'automne, tout cela respirait un parfum d'originalité qui eût séduit l'esprit le plus positif, l'imagination la plus paresseuse, le naturel le moins enclin à la rêverie.

Mon grand-père était jeune alors, il avait le caraétère aventureux de son époque, — il fut enchanté de l'accident qui le rendait l'hôte momentané du vicomte de Mailly.

Au bas du perron, le vieux serviteur appela un valet d'écurie & lui confia le cheval du voyageur, invitant celui-ci à le suivre. Ils entrèrent dans un vaste vestibule un peu sombre, gravirent un escalier de pierre dont les marches étaient usées par le passage de plusieurs générations, & ils atteignirent le premier étage, où l'introduéteur laissa mon grand-père dans un salon très-vaste, meublé à la Louis XIV, orné de lourdes & riches tentures fanées & décoré de peintures d'une certaine valeur sur lesquelles le temps avait étendu une couche de poussière.

La tristesse profonde que respirait cette pièce était indicible.

— Je ne serais pas étonné, pensa mon grand-père, que le maître du logis fût vêtu d'un suaire.

Il attendait depuis cinq minutes, lorsque la porte du fond s'ouvrit & livra passage à un homme encore jeune, de haute taille, pâle comme un héros de roman, & dont le visage respirait plutôt la tristesse que la froideur.

Il vint à son hôte & le salua avec courtoisie en lui disant :

— Vous me voyez heureux, monsieur, d'avoir mon humble toit sur votre chemin, permettez-moi de vous y recevoir avec la cordialité que se doivent réciproquement deux gentilshommes, & veuillez vous considérer ici comme chez vous.

Mon grand-père remercia le vicomte de son aimable accueil, & celui-ci ajouta :

— Voulez-vous me permettre de vous présenter à madame la vicomtesse de Mailly ?

Il le fit pénétrer dans une pièce voisine

qui était disposée en manière de boudoir, & dont l'ameublement plus moderne était tout aussi fané, tout aussi morne d'aspect que celui du salon qui le précédait.

Au coin du feu se tenait une jeune femme dont la merveilleuse beauté étonnait plus qu'elle ne séduisait.

Figurez-vous une femme de taille moyenne, frêle, délicate, avec des mains & des pieds d'enfant, des cheveux blonds & des yeux noirs, une femme blanche & si pâle que sa peau avait la transparence vitreuse de la cire.

Sa lèvre, un peu décolorée, ébauchait sans cesse un sourire d'une rêverie navrante; son œil, grand & limpide, avait un regard immobile & fixe; ses mouvements, d'une souplesse gracieuse infinie, étaient réguliers comme ceux d'un automate.

C'était, à première vue, une de ces créatures qui, au dire d'un poëte, vivent tout entières au dedans d'elles-mêmes.

Le vicomte présenta son hôte; la vicomtesse se leva, salua & sourit, puis elle se rassit sans mot dire au coin du feu.

Mon grand-père remarqua alors, sur les murs du boudoir, une singulière décoration pour l'appartement d'une femme; quatre trophées de chasse, composés de cors, de fusils, de coutelas, de fouets & de bois de cerf, étaient appendus aux quatre faces de la pièce.

Cette découverte lui parut un excellent prétexte pour entamer la conversation & parler chasse.

— J'ai traversé, en venant ici, de superbes bois qui, sans doute, vous appartiennent, monsieur le vicomte ?

— Oui, monsieur.

— Et si j'en juge par la façon savante dont les futaies sont percées, j'imagine qu'ils doivent être parfaitement peuplés ?

— Assez bien, monsieur, d'autant plus que je détruis peu le gibier.

— Mais encore, chassez-vous quelquefois ?

— Jamais, répondit froidement le vicomte.

— C'est une passion à laquelle il est cependant difficile de renoncer, reprit mon grand-père avec feu.

— Je n'ai pas eu cette peine, je n'ai jamais chassé.

Un geste d'étonnement fut la réponse du garde-du-corps, & il leva involontairement les yeux vers les trophées de chasse qui ornaient la maison de cet original qui n'avait jamais chassé.

Il crut s'apercevoir alors qu'un nuage passait sur le front si pâle déjà de la vicomtesse, tandis que M. de Mailly fronçait le sourcil & paraissait vouloir rompre les chiens.

— Que se passe-t-il à Versailles, monsieur? demanda-t-il brusquement.

— On n'y est occupé que de la guerre d'Amérique, laquelle, du reste, tire à sa fin.

La conversation engagée sur ce terrain

s'y maintint pendant près d'une heure. Madame de Mailly s'y mêla elle-même. La vicomtesse causait avec esprit, accompagnant chacune de ses phrases de son sourire triste & navré, mais ne levant jamais les yeux ni sur son mari ni sur les trophées de chasse. Elle semblait avoir reçu une excellente éducation, & traitait toujours le vicomte avec une déférence respectueuse sous laquelle on sentait percer la haine & peut-être même le dédain.

L'heure du dîner arriva; le majordome du château, en grande livrée, vint annoncer à la vicomtesse qu'elle était servie.

Mon grand-père lui offrit son bras, & on descendit à la salle à manger.

Là, comme dans le boudoir, les murs étaient chargés de trophées cynégétiques, & sur la table, où fumait une énorme pièce de venaison, on avait placé, en guise de couteau à découper, un couteau de chasse avec son fourreau.

C'était de la dernière excentricité.

Le vicomte avait avoué qu'il n'était pas chasseur, & cependant son hôte fut assailli par les caresses & les gambades d'une douzaine de chiens qui entrèrent en hurlant de joie & vinrent lécher les mains de la vicomtesse, qui parut recevoir leurs caresses avec répugnance & en laissant échapper un soupir.

En même temps, dans la cour du château, on entendit un *bien-aller* sonné vigoureusement, & M. de Mailly dit avec calme à mon grand-père :

— C'est mon piqueur qui revient.
— Vous avez donc un piqueur?
— Le meilleur de la contrée.
— Et une meute?
— La mieux tenue à dix lieues à la ronde.
— Pourtant, vous ne chassez pas?
— Jamais.
— C'est bizarre!
— Madame de Mailly adore les chiens,

le son du cor, les armes à feu, la venaison, répliqua froidement le vicomte.

La vicomtesse baissa les yeux. Il sembl[a] à mon grand-père qu'une larme perlait a[u] bord de ses longs cils.

— Et vous, monsieur, demanda le vi[-]comte, aimez-vous la chasse?

— Passionnément, monsieur.

— Vous plairait-il d'essayer mes chien[s] demain?

— Avec grand plaisir, monsieur.

— Vous les verrez à l'œuvre; ils sor[t] bons. Mon piqueur est, dit-on, un sava[nt] homme. Tous mes voisins me l'envien[t.] Je ne serais pas fâché, même, puisque [le] hasard m'envoie un veneur, que madam[e] de Mailly assistât à cette chasse, acheva [le] vicomte; elle lui procurera, j'en suis sû[r,] de bien douces émotions, qu'hélas! il m'e[st] impossible de lui offrir.

Mon grand-père regarda la vicomtess[e.] La vicomtesse était pâle comme un[e] statue.

— N'est-ce pas, chère belle? fit-il avec affection.

— Comme vous voudrez, mon ami, répondit-elle avec un accent de soumission profonde.

On venait d'enlever le premier service.

— Chère belle, reprit le vicomte, vous qui découpez si galamment, chargez-vous donc de ce quartier de chevreuil?

Il dégaîna le couteau de chasse & le lui tendit; la vicomtesse le prit d'une main qui tremblait & découpa le quartier.

Mon grand-père, à qui le plat fut passé, l'offrit au vicomte.

— Merci, répondit-il, je ne mange jamais de venaison : mon aversion pour la chasse va jusqu'au gibier lui-même.

Le vicomte fut gai, enjoué même; il effleura tous les thèmes de conversation; sa femme parut secouer sa tristesse de tous les instants, & s'entretint avec son hôte des dernières fêtes données à Versailles.

Cependant on sentait percer sous ce

babil gracieux, un morne découragement, & le désespoir était caché sous cette légèreté apparente.

Après le dîner, on remonta au boudoir, où le café était servi.

Les deux époux & leur hôte y étaient à peine, lorsque reparut le majordome qui avait annoncé le dîner & servi à table.

Il portait un grand plat d'argent.

Sur ce plat était le mystérieux couteau de chasse : à côté du couteau était une de ces bagues d'homme qu'on nomme chevalières. Il plaça le tout sur la cheminée & se retira, au grand étonnement de mon grand-père, qui demeura muet & n'osa faire une seule question.

La vicomtesse ne leva point les yeux sur le plat, pas plus qu'elle ne les levait sur les trophées des murs.

Il y avait quelque chose de lugubre & d'inexplicable dans toutes ces singularités : ces trophées de chasse chez un homme qui prétendait avoir la vénerie en horreur, ce couteau qui voyageait de la salle à manger au boudoir, cette bague placée à côté du couteau dans le plat d'argent, & cette femme qui dissimulait mal son désespoir & ses larmes contenues à grand'peine sous un insignifiant sourire, tout cela serrait horriblement le cœur du visiteur amené par le hasard.

Après le dîner, la conversation tomba insensiblement ; une sorte d'oppression semblait régner parmi les trois personnages qui entouraient le feu du boudoir, & lorsque neuf heures sonnèrent à la pendule de la cheminée, le garde-du-corps se leva & demanda la permission de se retirer.

Le vicomte le conduisit lui-même dans son appartement. Cette pièce ne se ressentait point du délabrement général du château; elle était meublée avec soin, & l'on devinait qu'elle était réservée à l'étranger qui viendrait demander fortuitement l'hospitalité.

Sur un guéridon se trouvaient les derniers numéros du *Mercure de France* & de la *Revue des Savants*. Aux murs étaient appendus quelques tableaux de prix; l'écusson des Mailly était sculpté & peint au-dessus de la cheminée.

— Voilà votre logis, mon cher hôte, dit le vicomte; vous pouvez y dormir la grasse matinée, on vous éveillera à heure convenable si vous tenez toujours à essayer mon piqueur & mes chiens.

— Comment donc, répondit mon grand-père.

— La vicomtesse en sera ravie.

— Vous croyez?

— Certes, fit M. de Mailly avec une bonhomie ironique; elle se pâme d'aise, le chère vicomtesse, lorsqu'elle entend le son du cor; un hallali est pour elle une fête, & elle aurait donné tout au monde pour que je fusse veneur.

Et, sur ces mots, le vicomte salua & sortit.

Mon grand-père se mit au lit tout pensif.

—A n'en plus douter, se dit-il, il y a là un sombre mystère, peut-être quelque atroce vengeance... cette femme qui aime passionnément la chasse détourne les yeux de tous les objets qui s'y rattachent, & repousse les caresses des chiens qui viennent gambader autour d'elle. Tantôt, elle a pâli en entendant le son d'une trompe, & sa main tremblait bien fort lorsqu'elle a pris le couteau de chasse pour découper le quartier de venaison...

J'ai eu tort, reprit-il après quelques minutes de rêverie, j'ai eu tort d'accepter la proposition du vicomte; peut-être vais-je me faire innocemment l'instrument d'un nouveau supplice pour cette pauvre femme qui me semble être une victime... S'il pouvait pleuvoir demain!

Mon grand-père était las, il s'endormit au milieu de ces réflexions, & ne s'éveilla que le lendemain au soleil levant.

Il entendit alors sous ses fenêtres un bruit de voix, de claquements de fouet, de hurlements de chiens impatients d'être découplés.

C'était la meute du vicomte qu'on faisait sortir du chenil.

Peu après, celui-ci frappa à la porte, & trouva le garde-du-corps tout vêtu.

— Eh bien! mon cher hôte, lui dit-il, êtes vous prêt?

— Comme vous voyez, à moins qu'on ne puisse chasser en habit de voyage.

— Il le faudra bien, car je n'ai pas le moindre justaucorps vert à votre service. On ne peut avoir la robe sans la profession; mais par exemple, il y a, attenant au boudoir de la vicomtesse, un assez joli musée cynégétique où vous pourrez choisir un couteau de chasse, un fouet & un cor à votre convenance.

— J'accompagnerai donc madame de Mailly?

— Non pas, mais elle assistera à l'hallali; on vous a détourné un sanglier.

— Superbe bête de chasse!

— Il vous faut prendre des forces pour la courre, venez déjeuner : la vicomtesse nous attend à la salle à manger.

La vicomtesse parut à mon grand-père plus pâle & plus abattue encore que la veille, la transparence de ses mains était effrayante, & ses lèvres étaient si décolorées qu'on les voyait à peine.

— Cette femme se meurt, pensa-t-il.

Elle lui fit pourtant, avec une grâce charmante, les honneurs de la collation matinale, & lui versa en souriant le coup de l'étrier; puis elle lui souhaita bonne chasse, & le conduisit presque dans la cour, où piaffait un joli cheval, le meilleur des écuries du vicomte.

Mon grand-père jeta un coup d'œil de connaisseur sur les chiens & le cheval, & parut satisfait.

Puis il examina le piqueur.

C'était un gros homme au teint fleuri, à la mine rubiconde, déjà vieux, & qui semblait fort expansif. Ce devait être un homme qu'on pouvait aisément faire jaser entre deux pots de vin de la côte d'Essonne, & même au pied d'un arbre, après quelques rasades de vieille eau-de-vie, à l'heure de la halte.

Il montait un petit cheval de grêle apparence, & qu'on eût dit devoir ployer sous le poids énorme de son cavalier, mais dont la jambe sèche & nerveuse, & l'œil plein de feu, promettaient merveille.

Les valets de chiens étaient irréprochables de tenue & de bonne mine.

Le rendez-vous était à une lieue de là, dans les bois qui s'étendent auprès du village de Courson.

Mon grand-père mit le pied à l'étrier, salua la vicomtesse & son mari, & sortit de la cour côte à côte avec le piqueur.

— Vous chassez donc tous les jours? lui dit-il.

— Oui, monsieur.

— Et vous chassez seul?

— Il le faut bien, M. le vicomte n'aime pas la chasse.

— En sorte qu'il entretient une meute exprès pour vous?

— Oh! mon Dieu! oui.

— Et il ne la prête jamais à ses voisins?

— Jamais.

— Avouez que votre maître est un peu original.

— Hélas! monsieur, soupira le piqueur du ton d'un homme qui a le cœur gros de secrets & qui ne demande qu'à les épancher dans le sein de quelqu'un.

— Depuis quand êtes-vous à son service?

— Depuis que M. le vicomte a quitté Mailly.

— Qu'est-ce que Mailly?

— Un château perché sur un rocher à six lieues d'ici, & qui surplombe l'Yonne à un endroit où la rivière, faisant un coude, est excessivement profonde & tourne si brusquement, qu'elle produit un tourbillon. Un homme qui tomberait en cet endroit serait perdu.

— Et le vicomte habitait ce château?

— Oui, monsieur; mais depuis qu'il est venu habiter Fouronne, il n'y est jamais retourné, & le château tombe en ruines maintenant.

— Il ne se plaisait donc pas à Mailly?

— On ne sait pas; il est venu ici brusquement, un beau jour, & il n'en est plus sorti.

— Pas même du parc?

— Non, monsieur, M. le vicomte ne franchit jamais la grille.

— Votre prédécesseur chassait-il tous les jours?

— Je n'ai pas eu de prédécesseur. M. le vicomte n'avait, à Mailly, ni piqueur, ni meute; il s'est procuré tout cela depuis qu'il est ici. M. le vicomte ne chassait pas à Mailly; cependant, on assure que souvent il assistait aux laisser-courre de ses amis & de ses voisins.

— Ceci est de plus en plus bizarre, pensa mon grand-père.

— Il y a mieux, reprit le piqueur qui était naturellement bavard, il paraît que M. le vicomte était un joyeux compagnon avant son mariage.

— Ah! il était garçon à Mailly?

— Il s'y est marié; c'est un an après qu'il est venu ici. Son caractère a bien changé depuis, je vous assure; il est maintenant des journées entières sans ouvrir la bouche. Quant à madame, elle a toujours été triste depuis son mariage; on dit qu'elle aimait un gentilhomme du Morvan qui a disparu depuis.

— Comment cela?

— On ne l'a jamais su. Ce gentilhomme était grand chasseur, il courait tous les jours, & quand ses chiens étaient las ou son piqueur malade, il prenait un fusil & tiraillait des perdrix. Un jour, il courait un sanglier, le sanglier passa l'Yonne à la nage, le gentilhomme aussi ; il faisait nuit : on trouva le lendemain le cheval noyé sur la berge, & on ne retrouva pas le cavalier.

Toutes ces réflexions naïves du piqueur commençaient à jeter quelques lueurs dans l'esprit de son auditeur, lequel se promit bien de chercher à éclaircir le mystère qui enveloppait toute cette histoire.

— Comment se nommait ce gentilhomme? demanda-t-il.

— Le marquis de Rey; il était cornette au régiment de Bretagne-cavalerie.

Ce nom fit tressaillir mon grand-père : il avait connu le marquis de Rey, qui était à peu près de son âge, & qui avait commencé à servir dans les mousquetaires gris. Le marquis avait, un beau jour, envoyé sa démission au roi, & était parti pour l'Allemagne, où il allait, disait-on, recueillir un héritage considérable provenant de la succession d'un parent, dont la révocation de l'édit de Nantes avait éloigné la famille du sol français. Le bruit avait couru à Versailles que le marquis, deux mois après, était mort des suites d'un duel qu'il avait eu à Darmstadt avec un major prussien.

Cette version, on le voit, était tout à fait en désaccord avec celle du piqueur, ce qui jeta quelques doutes dans l'esprit de mon grand-père sur l'identité du personnage. Il était difficile cependant de supposer qu'il y avait eu deux marquis de Rey habitant la même province; car il se souvenait parfaitement que celui qu'il avait connu était du Morvan.

Tout en causant ainsi, les deux veneurs étaient arrivés au rendez-vous de chasse, & les chiens furent découplés dans un buisson fourré où le sanglier était rentré au petit jour après avoir passé la nuit, disait le rapport du valet de chiens qui avait fait le bois, dans un champ d'avoine voisin.

— M. le vicomte, dit alors le piqueur, a

eu une singulière idée, il faut en convenir.

— Laquelle?

— Il m'a ordonné hier de prendre mes dispositions pour que la bête détournée vint se faire battre dans le parc même & sous les fenêtres du château.

— Le parc n'a donc pas de clôture?

— Il n'est séparé de la plaine, au midi, que par une haie vive en mauvais état & percée de brêches nombreuses.

— Effectivement, murmura le garde-du-corps tout pensif, il a eu là une singulière idée.

Et il enfonça l'éperon aux flancs de son cheval; car la bête était sur pied, & les chiens donnaient déjà avec un vigoureux ensemble.

Je n'essaierai point de raconter les épisodes, d'ailleurs fort ordinaires, de cette journée de chasse; je me bornerai à dire que le vicomte ne s'était point trop avancé, en prétendant que ses chiens & son piqueur avaient d'incomparables mérites.

Ainsi que ce dernier l'avait prévu, la bête, après une vigoureuse résistance, arriva haletante, épuisée, à la clôture du parc, & la franchit. Les chiens suivaient à peu de distance, & derrière les chiens venaient le piqueur & mon grand-père, plus curieux de savoir pourquoi le vicomte avait voulu que sa femme pût entendre l'hallali que pressé d'assister lui-même à la mort.

Le sanglier traversa le parc & vint s'acculer à un tronc d'arbre à trente pas du château, verticalement au-dessous d'une terrasse sur laquelle mon grand-père put voir le vicomte & sa femme.....

La vicomtesse avait une robe blanche ; cette singularité était bizarre. Pourquoi une robe blanche au mois d'octobre, à la campagne, & par une journée froide & brumeuse ?

Le sanglier fut coiffé, quelques chiens décousus ; alors le piqueur mit pied à terre

& s'avança à dix pas : là, il épaula sa carabine et fit feu.

Le sanglier, touché au défaut de l'épaule, s'affaissa comme une masse inerte; — alors retentit un cri d'angoisse, un cri de terreur, & mon grand-père, levant les yeux, vit madame de Mailly qui s'évanouissait & que son mari soutenait dans ses bras.

— Ceci est incompréhensible! murmura-t-il avec un frisson d'inexplicable terreur.

Il devinait instinctivement que le vicomte jouait le rôle de bourreau.

. . . .

Après tout ce qu'il avait vu, mon grand-père comprit que le mystère dont s'enveloppait son hôte devait être impénétrable, & que, s'il en voulait avoir la clef, ce n'était pas à Fouronne même qu'il lui fallait la chercher. Il ne fit donc aucune question nouvelle au vicomte, parut mettre sur le compte d'une émotion bien naturelle l'évanouissement de la vicomtesse, ne s'étonna plus, le soir à dîner, de l'apparition du couteau de chasse & de la chevalière, — &, le lendemain, il prit congé et se remit en route.

Pendant un moment, cédant à cette curiosité ardente qui est l'apanage de la jeunesse, il songea à aller trouver le premier gentilhomme venu de la contrée, à lui raconter ce qu'il avait vu & à lui demander ce qu'il pouvait savoir; mais, tout aussitôt, un sentiment de dignité qu'il est facile de concevoir lui vint en aide, & il se dit qu'il ne lui était point permis de trahir les secrets de l'homme qui l'avait reçu sous son toit avec une affectueuse courtoisie.

Cependant, il eut la fantaisie de voir le château de Mailly qui, du reste, se trouvait sur son chemin. Le coude de la rivière, le tourbillon où le nageur le plus intrépide devait trouver nécessairement la mort, la position escarpée du château, tout cela stimulait sa curiosité.

Il arriva à Mailly vers le soir. La description que lui en avait faite le piqueur était assez exacte : le château était perché sur un rocher de peu d'élévation, l'eau venait se briser à angle droit sur la base de ce rocher, & c'était la réflexion de cet angle qui produisait le tourbillon; les croisées de l'aile gauche du château donnaient sur la rivière.

Cependant, il y avait un détail que le piqueur avait omis. A vingt pieds au-dessous des croisées du premier étage, il se trouvait un petit sentier, large d'un demi-mètre à peine, qui était creusé dans le roc & comme suspendu entre le ciel & l'abîme. Celui qui eût voulu y passer ne devait pas, sous peine de mort, être sujet au vertige.

A un certain endroit, un œil observateur pouvait remarquer deux trous séparés par une distance de quatre ou cinq pieds, verticalement au-dessous l'un de l'autre & paraissant avoir été pratiqués pour escalader le mur du château & atteindre la croisée d'un petit pavillon en saillie sur l'aile gauche.

Qui sait si ce n'était point par ce périlleux escalier que s'était introduit, pendant une nuit obscure, quelque galant hardi & prêt à braver tout obstacle...

Mon grand-père coucha dans une auberge du village qui était bâti sur la droite du château, &, le lendemain, il se remit en marche.

Six mois après, c'est-à-dire au printemps de l'année suivante, il retournait à Versailles pour y reprendre son service dans la maison du roi.

Il avait un peu oublié Fouronne, & le vicomte & le mystérieux couteau de chasse; cependant, toutes ces choses lui revinrent en mémoire lorsqu'il passa l'Yonne et revit le château de Mailly sur sa route.

Soit curiosité nouvelle, soit qu'il trouvât convenable de saluer, en passant, le gentilhomme qui lui avait si gracieusement offert l'hospitalité, il poussa jusqu'à Fouronne ce jour-là, & s'arrêta à la grille du château.

Le même domestique, borgne et taciturne, vint lui ouvrir, le reconnut, & le salua profondément.

— Votre maître est-il au château?

— Hélas! non, monsieur, répondit le serviteur; mon maître n'est plus de ce monde.

Mon grand-père tressaillit.

— Il est mort il y a un mois, reprit le Caleb, succombant à une maladie du cœur dont il souffrait depuis longtemps.

— Et la vicomtesse?

— Madame est au château, &, sans doute, elle reverra monsieur le comte avec plaisir.

Mon grand-père hésita; cependant, il obéit à un sentiment de convenance mêlé peut-être de quelque désir de savoir quelle impression la mort de son mari avait pu produire sur une femme déjà si triste & si désespérée de son vivant.

Et il suivit le domestique.

Celui-ci le conduisit au second étage du château que la vicomtesse habitait depuis qu'elle était veuve. Là, plus de trophées de chasse, pas plus que de chiens au chenil; le piqueur avait été congédié & les chiens vendus jusqu'au dernier.

Après quelques minutes d'attente, le visiteur fut introduit dans un petit salon où se trouvait la vicomtesse.

Madame de Mailly vint à sa rencontre, & lui tendit sa main à baiser avec une grâce affectueuse.

Elle était vêtue de noir, toujours pâle, toujours avec ce sourire décoloré qui disait si bien les navrantes déceptions de son âme.

— Monsieur le comte, dit-elle, je vous remercie d'avoir bien voulu vous souvenir de moi & d'avoir eu le courage de pénétrer dans cette maison où la mort a déjà frappé, & qu'habite encore une mourante.

— Une mourante! Ah! madame, pourquoi ce mot terrible dans la bouche de la jeunesse?

— Il est des fleurs tardives, répondit-elle avec son pâle sourire, qui naissent à la fin de l'été, & qui, épouvantées de se trouver seules quand vient l'automne, meurent de tristesse & d'isolement. Je suis toute seule, monsieur; ceux que j'aimais sont morts : est-il possible, à trente ans à peine, de vivre uniquement de souvenirs?

— L'espérance, madame, est une fille du ciel que Dieu nous envoie pour servir de compagne à ceux qui sont restés seuls dans le chemin de la vie.

— Oui, fit-elle en souriant; mais quand l'espérance naît de l'union d'une tombe & de dix années de douleur, elle est si vaporeuse & si frêle, que son règne n'est pas de ce monde, & qu'elle nous attire ailleurs : elle se nomme alors résignation, & nous prépare à une autre existence.

Mon grand-père s'assit auprès d'elle & lui baisa la main avec une respectueuse émotion. Il ne prononca pas un mot, mais l'expression de sa physionomie respirait une sympathie douloureuse qui toucha la vicomtesse & l'émut jusqu'aux larmes.

Elle le regarda attentivement alors; on eût dit qu'elle cherchait à lire sur son visage tout l'intérêt qu'elle lui inspirait.

Qu'on me permette de l'avouer avec un orgueil bien légitime, mon aïeul avait une de ces figures ouvertes & noblement franches qui révèlent une loyauté à toute épreuve. Ceux qui le voyaient, même pour la première fois, se sentaient attirés vers lui par une sorte d'attrait mystérieux qui encourageait l'expansion & inspirait la confiance. Il était brave, discret, dévoué & bon jusqu'à l'abnégation la plus complète, & toutes ces qualités semblaient éclater dans son sourire, — un sourire charmant de finesse & de bonhomie, qui arquait encore ses lèvres au temps de sa vieillesse, & dont les paysans de notre village, qui l'ont pleuré comme un père, m'ont bien souvent parlé pendant mes haltes de chasse auprès de leur charrue ou sous le toit de leur ferme.

Madame de Mailly sembla deviner à quel homme elle avait affaire, & cette pauvre femme, qui vivait depuis si longtemps repliée en elle-même, sans ami, sans confident, ressentit alors comme un violent besoin d'épancher ses douleurs & de raconter ce qu'elle avait souffert.

— Monsieur, lui dit-elle, on dit que les vrais amis, les seuls qu'on rencontre, nous viennent toujours du hasard; je le crois aussi. Les liaisons formées naturellement, & qui sont la conséquence de relations journalières, d'un voisinage forcé, sont presque toujours tièdes & ne résistent point à certaines épreuves.

— Ce que vous dites là, madame, est d'une vérité absolue.

— Le hasard vous amena ici un soir; il y avait près de trois ans qu'un étranger n'avait franchi la porte du château; vous étiez le premier qui semblait deviner mes tortures, & je compris, à la façon dont vous prîtes congé de moi, que je vous inspirais quelque sympathie. Vous avez été témoin de ces bizarreries horribles qui étaient les instruments perpétuels de mon supplice; vous êtes parti, vous demandant sans doute quel crime avait pu commettre ce coupable qu'on punissait à toute heure. Je n'ose croire que le sentiment qui vous a ramené ici soit un besoin de curiosité pure; il me semble, je crois lire sur vos traits, deviner dans l'émotion de votre voix, qu'il y a dans votre retour un peu de cette sympathie que je vous inspirai lors de votre première visite au château...

— Et vous ne vous trompez pas, madame, s'écria mon grand-père avec feu. Je suis venu à vous en ami; refuserez-vous de me traiter comme tel?

— Non, dit-elle en lui tendant la main; je crois que mes douleurs trouveront en vous un écho, & je vais m'ouvrir à vous, je vais vous expliquer tous ces horribles mystères qui vous étonnèrent si fort. Vous me jugerez, monsieur, & vous verrez si j'étais coupable...

— Ah! madame, cette pensée ne m'est jamais venue...

— Il me semble, reprit-elle, que la femme qui a forfait à l'honneur & foulé aux pieds ses devoirs, doit porter sur le front comme un stygmate indélébile qui frappe l'œil le plus indifférent. Non, je n'ai pas été coupable, j'ai été légère à peine, & légère malgré moi. J'ai été punie par dix années de tortures sans nom; vous en jugerez vous-même, monsieur, au récit de mes malheurs & de ma pauvre vie, dont le dernier souffle va m'échapper, je le sens.

— Ne me parlez point ainsi, madame, je vous en conjure! Merci de m'avoir donné le nom d'ami, je suis fier de ce titre, & peut-être serai-je assez éloquent, peut-être trouverai-je dans mon cœur assez de dévouement pour vous rattacher à l'espérance à laquelle vous ne comptez plus, à la vie que vous voulez abandonner si tôt...

Elle secoua la tête en souriant avec mélancolie.

— Il est cinq heures, dit-elle, l'heure du dîner. Donnez-moi votre bras, venez partager mon repas de veuve; après, nous remonterons, & je vous prierai de m'écouter.

Mon grand-père se leva, la vicomtesse s'appuya sur son bras avec l'affectueux abandon d'un enfant qui devine & rencontre un protecteur, & ils descendirent à la salle à manger.

Ce n'était point celle où, six mois auparavant, M. de Mailly avait donné à dîner à son hôte : c'était une petite pièce boisée entièrement du sol au plafond, simple, coquette, sans armoiries aux cheminées, sans dessus de portes peints & représentant, comme du temps du vicomte, des épisodes de vénerie; point de ces affreux trophées sur les murs, plus de couteau de chasse sur la table, aucun lévrier ne vint gambader devant la vicomtesse, & elle ne fut point servie par un valet de chiens en livrée verte.

Pendant le dîner, elle eut le courage & la force de dominer sa tristesse; elle redevint la femme de qualité qui cache ses larmes sous un sourire, & elle fit les honneurs de ce qu'elle appelait son dîner de veuve avec une grâce charmante.

Mon grand-père la reconduisit, vers six heures & demie, dans ce petit salon où il l'avait trouvée.

Là, elle demeura pensive & tout émue durant quelques secondes, puis elle parvint à se maîtriser, & elle dit enfin :

— Me voici prête, monsieur le comte, je serai forte, je parlerai d'une voix assez ferme pour que vous ayez quelque estime de la volonté que peut déployer une femme, si faible & si brisée qu'elle soit.

Elle se renversa à demi sur sa bergère, abaissa l'abat-jour de la lampe qui éclairait le salon, sans doute pour dissimuler les émotions qui devaient se peindre sur son visage pendant le cours de son récit, & elle annonça aussitôt la triste & dramatique histoire que voici :

Avant d'épouser M. de Mailly, je me nommais mademoiselle de Preil. Mon père, mestre-de-camp de cavalerie, s'était marié tard, au sortir du service; & il s'était retiré à Preil, sa terre patrimoniale, située à deux lieues de Clamecy, dans le Morvan.

Lors de ma naissance, mon père avait près de cinquante-cinq ans, & ma mère mourut en me donnant le jour; je fus donc élevée par mon vieux père, à Preil, où je passai mon enfance.

Nous avions un voisin de campagne qui était le compagnon d'armes de mon père : c'était le vieux marquis de Rey, dont le château était situé à une lieue du nôtre.

Le marquis & mon père se voyaient souvent, presque toutes les semaines, lorsque leurs infirmités les laissaient momentanément en repos.

Le marquis avait un fils plus âgé que moi de cinq ans. Landry de Rey était une noble & charmante nature, toute d'expansion & de bonté enfantine; nous avions été élevés ensemble, nous nous aimions comme frère & sœur, &, avec l'âge, ce sentiment se métamorphosa peu à peu en un plus tendre, à la grande joie de nos pères qui projetaient notre union & la réunion de nos deux fortunes.

Nous avions également un autre voisin, le vicomte de Mailly, qui était un petit-neveu de ma mère, à la mode de Bretagne. Mon père l'aimait peu, & ne s'expliquait pas cette antipathie, que je partageais moi-même sans me l'expliquer davantage.

Le vicomte était un homme froid, un peu hautain, vivant seul & de nature misanthropique; il servait dans un régiment de cuirassiers alors cantonné à Nevers, ce qui lui permettait de venir fréquemment dans ses terres.

Il nous visitait souvent alors; mon père le recevait froidement, parfois avec dureté; il ne se rebutait point & revenait à la charge. J'avais alors près de quinze ans, j'étais presque femme, & l'on me disait belle. Je sentais que le vicomte m'aimait, & cet amour m'était d'autant plus insupportable, que j'aimais Landry de Rey & que je connaissais les projets de mon père.

Landry & le vicomte éprouvaient l'un pour l'autre une haine instinctive; ils se sentaient rivaux, ils semblaient deviner l'un & l'autre le drame qui se déroulerait entre eux un jour.

Souvent, ils s'étaient rencontrés au château, &, chaque fois, j'avais senti percer, sous ces paroles polies & courtoises qu'ils échangeaient, l'aversion qu'ils s'inspiraient mutuellement.

Cependant, M. de Mailly continuait à

venir nous voir, & si mal que le reçût mon père, il se montrait toujours pour lui affectueux & plein de respect.

Un soir, je m'étais retirée dans ma chambre qui était attenante au salon de compagnie; de cette pièce, on entendait fort distinctement ce qui se disait dans la seconde, & ce fut malgré moi que je surpris entre mon père & mon cousin la conversation que voici :

— Mon oncle, disait le vicomte, vous plairait-il de m'écouter?

— Parlez, monsieur mon neveu.

— Il y a longtemps que j'hésite; mais, enfin, me voici résolu, j'irai franchement & directement au but.

— Ainsi doit faire un bon gentilhomme, répondit froidement mon père.

— Mon oncle, reprit le vicomte, vous savez que mon père était le cousin-germain de feu la marquise de Preil.

— Je le sais, mon neveu.

— Si faible que soit un lien de parenté,

il a cependant une autorité morale incontestable, & doit être au moins un titre pour celui qui peut s'en prévaloir.

— Ceci est incontestable.

— Je suis donc votre neveu par alliance, & le cousin de mademoiselle de Preil à la mode de Bretagne.

— Ceci est parfaitement vrai, mon neveu.

Le vicomte fit une pose & reprit :

— Ma tante, madame de Preil, que je n'ai, hélas! connue qu'enfant, m'aimait fort, mon oncle.

— Je crois m'en souvenir, dit négligemment mon père.

— J'ai trente-trois ans, je suis capitaine, ma fortune s'élève à environ vingt mille livres de revenu en terres & bois...

— Vous êtes un excellent parti, mon neveu, & je vous conseille fort de prendre femme au plus tôt.

— J'y songe, mon oncle, répondit le vicomte qui se méprit aux dernières paroles de mon père.

— Ah! vous y songez?

— Oui, mon oncle, & je viens vous faire un aveu.

— Je vous écoute, vicomte.

— Mon oncle, j'aime Rose de Preil, ma cousine.

J'entendis mon père faire un brusque mouvement sur son siége, puis répondre à M. de Mailly :

— Vous êtes fou, monsieur mon neveu ; Rose est une enfant : vous avez plus du double de son âge.

— Qu'importe! dit le vicomte, je sens que je la rendrai la plus heureuse des femmes.

— C'est singulier, dit froidement mon père, je sens tout le contraire, moi.

— Vous plaisantez, mon oncle...

— Nullement; d'ailleurs, vous venez trop tard, ma parole est engagée.

— Engagée! murmura le vicomte, dont la voix s'altéra étrangement.

— A mon vieil ami le marquis de Rey, mon voisin. Son fils est un charmant cavalier; il part ces jours-ci pour Paris, où il ira servir aux mousquetaires pendant deux années, après lesquelles il reviendra épouser Rose.

— Ainsi, mon oncle, murmura le vicomte d'une voix altérée, vous me refusez.

— Mon Dieu! il le faut bien; je ne puis avoir deux paroles.

A l'accent ému du vicomte, je m'attendais à quelque parole de colère, à quelque énergique protestation inspirée par le dépit. Il n'en fut rien, il répondit avec douceur :

— Vous me voyez désolé, mon oncle, car j'aimais ardemment & sincèrement ma cousine, & j'aurais voué avec joie ma vie entière à son bonheur; mais, puisqu'il le faut, que vous avez donné votre parole, je n'insiste plus, je me résigne & je renonce à la plus chère de mes espérances. Adieu, mon oncle, conservez-moi votre amitié, je crois en être digne de tous points.

Et le vicomte prit congé de mon père.

Ainsi que ce dernier venait de le dire, Landry de Rey devait partir dans huit jours pour Paris; il avait, le matin même, reçu son brevet de mousquetaire gris, — les mousquetaires du comte d'Artois, — & il devait rejoindre son corps avant la fin du mois.

Un douloureux événement retarda ce départ de quelques jours; le marquis de Rey mourut subitement, frappé d'une attaque d'apoplexie foudroyante : cette mort fut si instantanée, si inattendue, qu'elle nous frappa tous de stupeur. Mon père en fut affecté plus qu'on ne le pourrait dire, & l'effusion avec laquelle il pressa l'orphelin sur son cœur, le soir des funérailles, en fut une preuve irrécusable.

— Va, mon ami, lui dit-il, le devoir

aide à supporter la douleur; va servir le roi, & reviens vers nous ensuite, nous te ferons une famille, & je t'appellerai mon fils.

Landry partit après m'avoir fait de tendres adieux; nous nous aimions déjà avec passion, & il nous semblait que ces deux années d'attente, que nous imposait ma constitution frêle & délicate, ne finiraient jamais.

Landry était chasseur passionné; il me laissa ses deux chiens favoris, deux grands évriers d'Écosse, les plus beaux qu'on pût voir; je me pris à soigner ces deux animaux avec une sollicitude qui prenait sa source dans mon amour; il me semblait que les aimer c'était encore aimer Landry.

Une première année d'absence s'écoula; elle fut mortelle d'abord, puis je me résignai à attendre, puis je comptai les jours qui me séparaient encore de celui où je reverrais mon fiancé, & ce jour-là arriva enfin !

Landry passa l'automne à Preil : cet automne fut charmant. Il s'était installé au château, il y avait fait venir sa meute; tous les jours il chassait, & je l'accompagnais d'ordinaire. J'aimais ce qu'il aimait; ses goûts étaient devenus les miens; je prenais un plaisir extrême à tous les épisodes d'un laisser-courre & d'un hallali. Mon père souriait en me voyant monter à cheval, si frêle & si résolue à la fois, & il m'appelait sa Diane chasseresse.

Landry n'alla reprendre son service qu'au mois de janvier, & il passa alors du corps des mousquetaires dans le régiment de Bretagne-cavalerie.

Pendant ce temps, le vicomte de Mailly continuait à venir nous voir quelquefois; il se montrait toujours affectueux pour mon père, plein d'égards & de respect pour moi. Jamais un mot d'amour ne lui était échappé, & cependant je sentais qu'il m'aimait, &, parfois, il m'inspirait une sorte de pitié douloureuse toujours mélangée cependant de cette inexplicable aversion que j'avais toujours ressentie pour lui.

Au mois de janvier avaient rapidement succédé février & mars. Landry devait revenir à la fin de septembre, époque fixée pour notre mariage, lorsqu'un affreux malheur, qu'hélas! on ne pouvait prévoir, vint bouleverser tous ces projets de bonheur & changer en tempête le calme avenir qui semblait m'être réservé.

A la fin du mois d'avril, nous reçûmes de Landry la lettre suivante datée de Versailles:

III

« Mon cher père & ma bonne petite Rose,

« Je reçois à l'instant même un message du tabellion de la ville de Darmstadt, en Allemagne, qui m'annonce la mort d'un parent assez éloigné, le chevalier de Rey, qui m'institue son héritier. Le chevalier de Rey était le dernier rejeton de la branche protestante de notre famille. Son bisaïeul quitta la France lors de la révocation de l'Édit de Nantes, & alla se fixer à Darmstadt. Le chevalier est mort sans enfants, & il a pensé qu'il était raisonnable & bien de laisser à ceux qui portent encore son nom, la fortune considérable dont il jouissait & qui s'élève à cent mille thalers, environ trois cent soixante-quinze mille livres de France.

« Je pars donc pour aller recueillir cet héritage & je me hâterai afin de vous revenir en septembre prochain & ne plus vous quitter. Les honneurs de la cour & ses plaisirs bruyants ne m'ont jamais séduit. Mon bonheur est à Preil & non ailleurs.

« Adieu, mon cher & bon père d'adoption, adieu, ma bien-aimée petite Rose, pensez quelquefois à moi qui songe à vous toujours & vous ai dans mon cœur & devant mes yeux à toute heure.

« LANDRY DE REY. »

Je ne sais pourquoi, cette nouvelle nous attrista au lieu de nous réjouir. Nul n'expliquera jamais la bizarre autorité des pressentiments. Il nous en vint un terrible;

nous craignîmes que ce voyage ne fût fatal à Landry. Hélas! il était impossible de l'empêcher : à l'heure où nous recevions sa lettre, Landry de Rey était en route & avait peut-être déjà franchi le Rhin.

Nous passâmes huit jours dans une anxiété mortelle. Le neuvième, nous reçûmes une lettre du marquis. Il arrivait à Darmstadt, & son voyage s'était accompli sans encombres. Nous fûmes un peu rassurés, & je lui répondis fort tendrement dans une longue épître au bas de laquelle mon père voulut écrire quelques lignes de sa main tremblante.

Vers la fin du même mois, Landry nous écrivit de nouveau. Il avait rencontré quelques obstacles, & des parents allemands du défunt élevaient des difficultés sans nombre dans l'espérance de ressaisir l'héritage qui leur échappait. Landry nous disait que ces obstacles & ces difficultés le forceraient à passer un mois de plus à Darmstadt, où, d'ailleurs, il avait été accueilli avec distinction. Nous nous résignâmes, mon père & moi, à ce délai, qu'il ne nous était point permis d'abréger, du reste, & comme l'été approchait, je me mis à travailler à ma corbeille de mariage. Je devenais coquette par amour pour Landry.

M. de Rey nous écrivit plusieurs fois encore, puis, un jour, ses lettres cessèrent de nous arriver, un mois s'écoula, à ce mois en succéda un autre, & notre inquiétude se changea en une horrible angoisse. Que signifiait ce silence?

Mon père prit le parti d'écrire au bourgmestre de Darmstadt, pour lui demander si le marquis de Rey était encore de ce monde. Quinze jours après, il reçut la lettre suivante :

« Monsieur le marquis,

« Demandez à Dieu du courage & de la résignation pour supporter le coup dont il vous frappe & que j'ai la douleur de vous annoncer. M. le marquis de Rey est mort, il y a deux mois, au bord du Rhin, tué en duel par un margrave du pays de Bade, qui lui contestait la succession qu'il était venu recueillir. Je ne connais pas très-bien les détails de cette horrible catastrophe; cependant, voici ceux qui me sont parvenus :

« Le marquis & le margrave se rencontrèrent au bal chez le grand-duc; le margrave était un homme irascible & querelleur. Il laissa échapper sur son cousin, car il était parent du chevalier de Rey, par les femmes, au même degré que le marquis, il laissa échapper, dis-je, quelques paroles inconvenantes que ce dernier entendit & qu'il supporta patiemment. Mais, au sortir du bal, M. de Rey aborda le margrave & lui dit poliment :

« — J'espère, monsieur, que vous voudrez bien me rendre raison des paroles peu courtoises que vous avez prononcées ce soir à mon sujet.

« — Très-volontiers, monsieur, répondit le margrave.

« — Où vous plairait-il nous rencontrer?

« — Monsieur, lui dit le margrave avec gravité, en France vous vous battez fort souvent, mais une égratignure suffit à satisfaire le point d'honneur, & les deux adversaires deviennent fort bons amis, le premier sang une fois versé. En Allemagne, monsieur, les choses se passent tout à fait autrement; lorsque deux hommes croisent le fer, il y en a toujours un qui franchit le seuil de l'éternité.

« — Où voulez-vous en venir, monsieur, & pensez-vous m'intimider par ces paroles, s'il vous plaît? demanda dédaigneusement le marquis.

« — Je veux en venir à ceci : vous proposer un lieu de rendez-vous qu'on dirait avoir été créé par la nature tout exprès pour servir de champ-clos. Je possède un château au bord du Rhin; non loin du château est une esplanade de rochers au-dessous desquels gronde le fleuve. Cette esplanade a vingt pieds carrés, on y arrive de terre par un escalier taillé dans le roc. C'est le chemin des deux champions avant le combat. Après, le vainqueur reprendra la même route.

« — Et l'autre? fit le marquis en souriant.

« — L'autre ira coucher dans les eaux du fleuve.

« — Très-bien, monsieur, votre esplanade me va. Quand pouvons-nous y être?

« — Demain soir, Dieu & nos chevaux aidant.

« Les deux adversaires convinrent de l'heure du départ, se saluèrent, & le marquis rentra chez lui.

« Le lendemain soir, il arrivait au château du margrave, le surlendemain matin, au point du jour, on les vit se diriger tous deux vers l'esplanade, &, une heure après, le margrave revint seul. M. de Rey, frappé d'un coup d'épée en pleine poitrine, était tombé dans le Rhin de quarante pieds de hauteur. . . . .

IV

— Voilà, monsieur, reprit la comtesse après une minute de poignante émotion, le coup de foudre qui vint nous frapper à Preil. Je faillis en mourir ; — mais la jeunesse est si forte, même à son insu, elle tient à la vie par des racines si vivaces, par des liens si puissants, que la mort qu'en vain j'appelais à mon aide se fit attendre & ne vint point..... Et puis, je me devais à mon père, à ce vieillard qui n'avait plus que quelques jours à vivre & qui allait descendre au tombeau le cœur navré d'avoir vu s'évanouir sa plus chère et sa dernière espérance.

Que de tristes jours je passai auprès de ce père mourant! Que de longues & navrantes soirées d'automne s'écoulèrent pendant lesquelles nous nous tenions les mains & nous nous regardions avec des yeux pleins de larmes sans oser échanger un mot....

La mort de Landry fut pour mon père le coup de grâce; la verdeur de sa vieillesse s'évanouit, son dos se voûta, il fut bientôt en proie à une tristesse morne & continuelle que ne dissipait même plus mon sourire.

Mon cousin le vicomte de Mailly venait nous voir souvent, surtout depuis qu'il avait appris la mort du marquis. Il n'osait point redemander ma main, hélas! devenue libre, & cependant je sentais qu'il m'aimait toujours.

L'automne & l'hiver s'écoulèrent, — puis vint le printemps. Cette saison, toute de parfums & de lumière, est fatale aux vieillards. Ils ont résisté aux froides bises de décembre, & l'haleine embaumée du mois d'avril leur est mortelle.

Ce fut par une soirée de la fin d'avril, une soirée tiède & parfumée, que mon père s'éteignit. Il était assis dans un grand fauteuil, sur une terrasse du château de Preil, où il avait voulu être porté pour saluer une dernière fois le soleil couchant. Je tenais une de ses mains, M. de Mailly pressait l'autre. Depuis quelque temps déjà, l'aversion que mon père éprouvait pour le vicomte semblait diminuer et se changer peu à peu en confiance & en affection. A ce moment suprême, il prit nos deux mains & les réunit :

— Protégez-la, dit-il au vicomte

V

Après la mort de mon père, je demeurai seule au château de Preil. Le vicomte y venait deux fois par semaine me faire une visite & me témoigner sa douleur & sa sympathie. Jamais il ne me parlait d'amour, & il avait avec moi bien plus le ton d'un tuteur & d'un grand parent que l'accent d'un homme jeune encore & fortement épris; — mais son amour perçait néanmoins sous cette froideur apparente, & au milieu de mes douleurs, j'en étais cependant vivement touchée. Quelques mois s'écoulèrent. Mon affliction, soumise à l'épreuve du temps, ce grand consolateur, avait pris une teinte plus calme, une nuance moins sombre. La mort habitait dans mon cœur, mais elle ne se trahissait plus par le désespoir.

Le vicomte avait suivi d'un œil attentif cette lente transition chez moi : il pensa que ma douleur n'était plus assez violente pour que mon oreille restât sourde aux mots d'avenir & d'espérance, & il vint un jour au château de meilleure heure qu'à l'ordinaire.

— Ma cousine, me dit-il, vous avez dix-huit ans bientôt, vous êtes orpheline, je suis désormais votre seul parent & votre unique appui. Je ne vous ferai point défaut, soyez-en sûre. Mais j'ai trente-six ans à peine, je suis encore un homme jeune; & si respectueuse que soit mon affection, le monde, dont la médisance est impitoyable, ne me pardonnerait point cette affection, que je vous ai vouée. A Dieu ne plaise que je vous parle d'amour, & cependant je vous aime & vous chéris comme mon enfant. Me refuserez-vous le droit de vous protéger envers & contre tous, de veiller sur vous à toute heure, de consacrer ma vie entière à vous rendre un peu de repos... de bonheur, peut-être?

Je suis un galant homme, aimé de mes compagnons d'armes, estimé de mes chefs ; je jouis dans notre province de la considération universelle, & la femme qui porterait mon nom serait respectée entre toutes. Ne voudriez-vous pas être cette femme?

L'accent du vicomte était tremblant & persuasif à la fois ; — mon isolement me fit peur & je lui répondis :

— Si vous ne me demandez pas d'amour, mais une affection sans bornes, un dévouement de toutes les heures, une amitié fraternelle, j'accepterai la main que vous m'offrez avec tant de loyauté.

— Eh bien ! soit, me dit-il, peut-être m'aimerez-vous un jour...

Je ne répondis pas ; car l'ombre du marquis de Rey sembla se dresser alors devant moi.

Le vicomte retourna chez lui. Il envoya sa démission au roi, fit restaurer son château de Mailly & y disposa tout pour me recevoir convenablement.

Notre union fut annoncée dans la province, & on y applaudit généralement ; tous les apprêts en furent faits avec promptitude, & un mois après sa demande, le vicomte me conduisait à l'église du village de Preil, où nous devions recevoir le bénédiction nuptiale.

Le jour où j'épousai M. de Mailly, il y avait un an que j'avais appris la mort du marquis de Rey.

On a prétendu qu'il y avait des douleurs inconsolables, cela est vrai & cela est faux à la fois. En épousant M. de Mailly, j'aimais encore Landry de Rey ; mais Landry de Rey n'était plus qu'une ombre, une mémoire chère entre toutes, un souvenir implacable qui ne pouvait cependant interdire de chercher un appui, un protecteur à celle qui n'avait plus personne autour d'elle. J'avais dix-huit ans, j'étais toute seule au monde, mon parent le plus proche était le vicomte. Je savais qu'il m'aimait, il m'avait promis de me rendre heureuse, & si je n'espérais plus le bonheur, du moins j'aspirais à un peu de calme & de paix après les orages qui avaient bouleversé mon existence.

Notre union fut célébrée avec l'éclat qui convenait à notre fortune & au rang que nous occupions dans la province. Toute la noblesse des environs assista à notre messe nuptiale; mais comme j'étais en deuil encore, il n'y eut au château de Mailly que nous vînmes habiter, aucune fête, aucun dîner, & le soir de mes noces, je me retrouvai seule avec mon mari.

Le vicomte m'aimait réellement. Il m'avait témoigné tant d'égards & de respect aux jours où ma douleur etait vivace, qu'il me sembla qu'à défaut d'amour un sentiment de profonde reconnaissance pénétrait dans mon cœur & l'emplissait.

— Madame, me dit-il gravement le soir de notre union, je sais que vous aimiez M. de Rey, je sais même que vous l'aimez encore ; mais, hélas ! M. de Rey n'est plus qu'une ombre, un fantôme, & j'aurais mauvaise grâce à être jaloux de sa mort. Permettez-moi de vous rendre heureuse, d'essayer de me faire aimer & de remplacer peu à peu dans votre cœur cette mémoire qui vous est chère encore. Qui sait? l'avenir peut-être nous garde-t-il de bonnes journées encore, de charmantes heures où vous pourrez endormir vos douleurs passées au souffle de l'espérance?

VI

Il s'écoula une année. M. de Mailly fut parfait pour moi; il était admirable de respect & d'abnégation; il me dissimulait son amour & se contraignait à une froideur affectueuse par égard pour ma douleur. J'avais fini par me croire à peu près heureuse, tant il était bon. Je lui savais gré surtout du soin qu'il avait mis à conserver en tous lieux le souvenir de mon père, dont il ne parlait jamais sans émotion & d'une voix altérée; mais il était écrit au livre des destinées que le bonheur n'était point fait pour moi. Je suis née, à n'en pas douter, sous la plus funeste des étoiles.

Nous habitions Mailly depuis mon mariage. Cependant nous allions quelquefois à Preil, & nous y avions laissé à peu près tous les domestiques qui s'y trouvaient du vivant de mon père.

Un soir, l'un d'eux en arriva à cheval : il m'apportait une lettre qui était venue à Preil par la poste, & dont voici la suscription :

« A MADEMOISELLE ROSE DE PREIL. »

A peine eus-je jeté les yeux sur l'écriture de cette lettre, que je me sentis mourir... C'était celle de Landry. Je l'ouvris précipitamment & courus à la signature... je lus : « Marquis de Rey... » j'examinai la date... la date remontait à huit jours, et la lettre venait d'Amsterdam!

Landry n'était pas mort!

Il y eut chez moi comme un sentiment de joie étrange & folle qui, d'abord, me fit pousser des cris & verser des larmes; —

& puis, à cette joie succéda d'abord soudain un accès de désespoir qu'il est facile d'imaginer, si l'on songe que j'étais désormais, & pour toujours, liée à M. de Mailly, que je ne devais revoir celui que j'avais passionnément aimé, qu'ainsi qu'on revoit un indifférent, un de ces hommes qu'on accueille avec un insignifiant sourire & dont on n'a point remarqué l'absence.

J'eus cependant la force de lire d'un bout à l'autre la lettre du marquis, lettre par laquelle il m'expliquait comment le bruit de sa mort s'était répandu & avait trouvé généralement du crédit. Voici cette lettre que j'ai conservée :

« Ma chère & bonne petite Rose,

« M'aimez-vous encore ? L'homme qui sort d'une tombe est-il demeuré vivant dans votre cœur ? Hélas ! je n'ose l'espérer, &, cependant le contraire me tuerait réellement, moi, que tout le monde a cru mort. J'ai été fou pendant deux années, fou à lier, ne me souvenant plus de ce que j'avais été, & me croyant un pêcheur des bords du Rhin à qui ses geôliers essayaient vainement de persuader qu'il était gentilhomme. Le jour où j'ai recouvré la raison, où je me suis souvenu de mon nom, de mon pays, de vous, de notre bon père, j'étais ici, à Amsterdam, au milieu de gens qui m'étaient inconnus, & dans une maison de fous. Comment & depuis quand m'y trouvais-je? Il m'était impossible de le préciser moi-même; mais voici ce qui me fut raconté :

« Vous avez appris mon duel avec le margrave & sa funeste issue. Atteint d'un coup d'épée en pleine poitrine, je fus précipité, du haut de la plate-forme qui nous avait servi de champ-clos, dans le Rhin, qui m'engloutit à moitié évanoui. Aux yeux du margrave, j'étais un homme mort, &, d'après le récit qu'il fit de notre duel, tout le monde en fut persuadé. La Providence permit, cependant, qu'une barque de pêcheurs pût me recueillir à quelques centaines de toises plus loin, sanglant, inanimé, & roulé par le flot; mais les efforts surhumains que j'avais dû faire pour lutter contre la mort, le sang que j'avais perdu en abondance, avaient déterminé chez moi la folie.

« Les pêcheurs qui me sauvèrent habitaient un petit village situé au bord du fleuve, entre Mayence & Coblentz; ils m'emmenèrent chez eux, appelèrent un chirurgien qui pansa ma blessure & déclara que je vivrais, mais que j'étais fou pour toujours. Je n'avais aucun papier sur moi, j'avais oublié jusqu'à mon nom; il fut impossible d'obtenir de moi le moindre renseignement.

« Pourtant, mes vêtements, la finesse de mon linge, la blancheur de mes mains indiquaient aisément que j'étais gentilhomme. On trouva sur moi ma bourse pleine d'or, preuve que j'appartenais à une famille riche. Je m'exprimais en français, & l'aisance avec laquelle je le faisais indiquait que c'était ma langue maternelle. Au milieu des divagations de mon esprit, on crut remarquer que j'avais prononcé le nom d'Amsterdam. Je ne connaissais point cette ville, je n'y étais jamais allé, je n'y avais ni parents, ni relations; mais la verve d'un fou est inépuisable d'originalité vagabonde. Il y a à Amsterdam plusieurs familles françaises qui y sont établies depuis la révocation de l'édit de Nantes. Le chirurgien qui me soignait s'imagina que j'y avais ma famille, & lorsque je fus rétabli, on m'y conduisit.

« Mais, à Amsterdam, personne ne me connaissait, & comme j'étais toujours fou, on me plaça dans une maison de santé, où je viens enfin de recouvrer la raison, & d'où je vous écris, chère Rose, n'osant vous demander si nous avons encore un père... »

Cette lettre m'échappa des mains

M. de Mailly était absent, il ne devait rentrer que fort tard. Je m'enfermai dans ma chambre & défendis ma porte, confiant à un valet la lettre du marquis avec l'ordre de la remettre au vicomte.

Je passai une nuit affreuse, en proie au délire, & demandant à mourir. Cependant, le temps & la solitude me rendirent un peu de calme; je me pris à réfléchir à ma situation, à la bonté sans égale de M. de Mailly, à son affection, à mes devoirs, & finis par me dire :

— Il le faut... j'oublierai Landry, je serai une honnête femme.

Le lendemain, M. de Mailly entra chez moi de bonne heure; il était triste, sans froideur cependant, & son attitude avait quelque chose de solennel qui m'épouvanta. Il s'assit au chevet de mon lit & me dit :

— Vous savez que le marquis de Rey est vivant?

— Oui, lui répondis-je en tremblant.

— Le marquis vous aimait & vous l'aimiez, continua-t-il avec calme; vous étiez fiancés, vous vous étiez engagés mutuellement votre parole, la mort seule devait vous séparer. L'apparence seule du trépas a fait tout le malheur. J'ai cru aussi fermement que vous, madame, que le marquis était mort; je l'ai si bien cru, que je mettais, après notre union, tous mes soins à me faire aimer de vous, chose qui eût été parfaitement inutile dans l'éventualité de la réapparition de Landry. Nous avons été victimes, vous & moi, d'une méprise terrible. Vous vous retrouvez ma femme en face de l'homme que vous aimiez; je suis, moi, en face de mon rival, du déshonneur ou de la mort.

— Monsieur! m'écriai-je.

— Laissez-moi achever, me dit-il avec douceur. Rose, mon enfant, je vous aime à en mourir; perdre votre affection, sentir qu'une ombre éternelle se dressera entre vous & moi, c'est un supplice sans nom auquel je finirais par succomber. Or, écoutez : j'ai joué jusqu'ici dans votre existence le rôle de la fatalité, laissez-moi réparer ce tort involontaire en quittant ce monde où je suis un obstacle infranchissable à votre bonheur.

— Vous êtes fou... murmurai-je éperdue.

— J'ai le suicide en horreur, poursuivit M. de Mailly ; je le regarde comme une lâcheté indigne d'un gentilhomme, je ne me tuerai pas ; je reprendrai du service, j'irai me faire tuer sur un champ de bataille pour mon roi & mon pays, & vous n'attendrez pas longtemps, Rose, car je pars demain. Seulement, je viens exiger de vous un serment solennel, je ne puis vous quitter sans l'obtenir. J'ai, sur le mariage & l'honneur du mari, d'autres idées qui n'appartiennent plus à notre siècle, je le sais, hélas ! Je viens vous demander, à deux genoux, de me jurer sur le Christ, sur les cendres de votre père, que vous ne reverrez M. de Rey que lorsque vous aurez appris ma mort, & que vous ne serez plus que la veuve du vicomte de Mailly. Voulez-vous me faire ce serment?

A ces derniers mots du vicomte, je poussai un cri, &, étendant mes bras vers lui, je l'enlaçai étroitement & murmurai :

— Vous ne partirez pas, & je ne vous ferai d'autre serment que celui de vous aimer toujours; car je vous aime, mon ami, & je ne porte plus à Landry qu'une affection fraternelle. Vous m'avez donné votre nom, monsieur, je vous jure que je le porterai noblement & comme il convient à une honnête femme.

Le vicomte ne répondit point à cet élan; il devint soucieux & froid, & il me regarda sévèrement :

— Me le jurez-vous? demanda-t-il.

— Je vous le jure.

— M'autorisez-vous à vous punir cruellement si vous faiblissez jamais?

— Oui, dis-je avec résolution.

— C'est bien, me dit-il ; j'ai foi en vous, & je changerai, s'il le faut, la face du monde pour vous rendre heureuse.

. . . .

Je ne répondis point à Landry ; il me sembla, pendant quinze jours, que j'aimais le vicomte ; j'espérai, un moment, que j'oublierais tout à fait, le temps aidant, celui que j'avais tant aimé.

J'étais si affectueuse & si gaie auprès de M. de Mailly, qu'il avait fini par croire à mon amour. Alors, comme il était galant homme avant tout & qu'il savait parfois faire parler le devoir en lui plus haut que sa jalousie effrénée, il me dit un soir :

— Vous pouvez maintenant écrire à M. de Rey & le prier de vous oublier.

J'obéis ; je lui tendis ma lettre, il refusa de la lire & la cacheta lui-même. Landry ne me répondit pas. Six mois s'écoulèrent, uous n'eûmes de lui aucune nouvelle. Je l'avais presque oublié, j'aimais M. de Mailly d'une sincère & vive amitié, qui avait pour lui toutes les apparences de l'amour. Cependant, il était triste, inquiet, soupçonneux; on devinait qu'il redoutait encore la mémoire de Landry.

Il me dit un soir :

— M. de Rey est revenu; il est consolé, sans doute, car il s'est installé avec faste au château de Rey; il a amené avec lui des piqueurs & des chiens; il tient table ouverte & mène joyeuse vie.

— Ah! fis-je avec indifférence.

— Il est probable que nous serons forcés de le rencontrer dans huit jours, à une chasse du comte de P... Êtes-vous assez sûre de vous pour que j'accepte cette invitation?

— Sans doute, lui répondis-je; je tendrai la main à Landry sans la moindre émotion.

M. de Mailly écrivit au comte que nous

assisterions à son laisser-courre & que nous nous trouverions au rendez-vous.

Le comte était notre voisin; le rendez-vous de chasse était à deux lieues de Mailly, dans les bois; nous y arrivâmes des premiers au jour indiqué, & le hasard voulut que le marquis de Rey y envoyât son piqueur pour annoncer qu'il ne pourrait rejoindre la chasse qu'après le lancer. Je m'étais préparée à cette entrevue; j'avais fait provision de force & de courage, & cependant j'éprouvai une joie véritable en apprenant qu'il ne viendrait point peut-être, & que notre entrevue était retardée dans tous les cas.

La bête détournée était un sanglier; l'animal hors de sa bauge & de l'enceinte, chaque veneur s'abandonna à ses inspirations, s'élança au galop dans des directions différentes, & je me trouvai chevaucher à côté de M. de Mailly pendant une partie de la journée. Le jarret du sanglier était vigoureux, ses ruses infinies; il tint bon pendant plusieurs heures & nous fit faire du chemin. Nulle part nous ne rencontrâmes Landry.

Enfin, l'animal se fit battre dans un ravin étroit & fit ferme aux chiens; en ce moment, nous entendîmes sonner vigoureusement l'hallali, & le son de trompe qui nous arriva me fit tressaillir; il me semblait reconnaître l'intonation habituelle de Landry.

M. de Mailly ne prit pas garde à mon émotion.

— Allons! me dit-il éperonnant son cheval, il faut voir la mort.

Nous gagnâmes au galop une petite éminence qui dominait le ravin, & là je fus témoin d'un terrible spectacle.

Landry, pied à terre & son couteau à la main, marchait droit au sanglier que les chiens essayaient de coiffer; tous les veneurs faisaient cercle & semblaient s'attendre à un événement tragique.

Je sentis mon sang se glacer & affluer à

mon cœur. Au moment où l'homme &
l'animal se joignaient, je poussai un cri,
&, lorsque je les vis rouler pêle-mêle sur
le sol, je me laissai glisser évanouie de
mon cheval sur l'herbe.

M. de Mailly ne m'avait pas quittée du
regard : il me prit tout frémissant dans ses
bras, me plaça devant lui sur sa selle, enfonça l'éperon aux flancs de sa monture,
& m'emporta en murmurant :

— Je suis un homme perdu, elle l'aime
encore !

Lorsque je rouvris les yeux, j'étais à
Mailly, couchée dans mon lit, & le vicomte
était à mon chevet :

— Madame, me dit-il froidement, vous
aimez encore M. de Rey, c'est un malheur
auquel ni vous, ni moi, ni Dieu lui-même
ne pouvons rien. Je suis chrétien & ne
puis me tuer ; mais, si vous l'ordonnez, je
partirai sur-le-champ & j'irai chercher la
mort qu'un soldat trouve toujours quand
il le veut.

— Restez! lui dis-je, j'ai eu un moment de faiblesse, mais je me sens la force de vous aimer toujours.

Il me crut ou feignit de me croire. Le calme se rétablit parmi nous, une fois encore j'espérai oublier...

Quelques jours s'écoulèrent. Cependant M. de Mailly devenait de plus en plus sombre, il pâlissait à vue d'œil, il ne pouvait entendre, de sang-froid, prononcer le nom du marquis. Souvent même il s'oubliait jusqu'à me dire :

— Me jureriez-vous que vous n'avez point revu M. de Rey?

Un jour, il apprit la mort d'un parent éloigné qui habitait le Poitou. Sa présence était nécessaire dans les terres du défunt dont il héritait. Il hésitait à partir, il me proposa de m'emmener. Les termes qu'il employa étaient durs & soupçonneux, ils blessèrent ma fierté:

— Non, monsieur, lui dis-je, vous m'avez confié votre nom & votre honneur;

l'un & l'autre seront saufs, mais à la condition que vous aurez foi en moi. Partez, je vous attendrai dans l'isolement le plus complet, vous me retrouverez aussi pure que le jour de votre départ.

— Vous avez raison, me dit-il, & j'ai tort d'être jaloux, car vous êtes une honnête femme.

Le vicomte parti, j'eus peur !

Landry était à quelques lieues, je devinais qu'il m'aimait encore, il pouvait apprendre l'absence de M. de Mailly & en profiter pour tenter de me voir. M. de Mailly devait passer quinze jours hors du château, quatorze s'écoulèrent, Landry ne parut pas. Je commençais à espérer, à remercier Dieu de m'avoir sauvée de toute faiblesse, & le soir du quinzième jour, à la nuit tombante, je me retirai dans un petit boudoir ménagé dans une aile du château qui donnait sur la rivière.

Tout à coup, j'entendis le son d'une trompe dominant parfois les aboiements d'une meute ardente. Un sanglier passa à cent pas du château & se jeta résolument à l'eau. Ces bruits me troublèrent, mon cœur se prit à battre, je pressentis un malheur...

Hélas ! je ne me trompais pas... une minute s'était écoulée à peine qu'une ombre se dessina derrière les vitres de la fenêtre qui donnait sur la rivière, & je poussai un cri en voyant entrer Landry, qui avait escaladé le mur en y plantant son couteau de chasse & s'en servant comme d'une échelle.

Le chemin qu'il avait pris était des plus périlleux, & le moindre faux pas sur l'étroit sentier, qui courait entre la rivière & le mur, eût suffi à le précipiter dans ce tourbillon dont les meilleurs nageurs du pays ne se sont jamais tirés.

Vous dirai-je l'émotion qui s'empara de moi à la vue de Landry, la terreur que j'éprouvai en le voyant pâle & le regard fiévreux ? Je m'étais levée précipitamment à son approche, & j'avais essayé de fuir;

mais mes jambes fléchissaient & refusèrent de me porter, ma langue glacée ne put articuler un mot, je demeurai debout, immobile, paralysée, & lorsque Landry vint à moi & me prit les mains, je crus que j'allais mourir :

— Rose, me dit-il, ne craignez rien de ma hardiesse & pardonnez-la moi en faveur de ma souffrance. Depuis un mois que je suis de retour & sais l'abîme qui nous sépare, j'ai vainement lutté, combattu, essayé de me soustraire aux pensées de suicide, aux idées de vengeance qui m'obsédaient. Après avoir renoncé à tuer l'homme qui vous possède, j'ai cru que j'aurais la force de vivre. Je me suis trompé, & je trouve qu'il vaut mieux mourir une fois que tous les jours & à toute heure. Je viens donc vous dire adieu, Rose, vous supplier de me tendre une dernière fois la main & de m'oublier ensuite. Je crois M. de Mailly un honnête homme, je sais qu'il vous aime, j'espère encore pour vous ces jours heureux qui, hélas! me sont refusés... Adieu, Rose... adieu...

Il se leva et voulut faire un pas de retraite.

— Mon Dieu! m'écriai-je, où allez-vous?

— Mourir! me répondit-il.

— Non, non! murmurai-je, je vous le défends...

— Il le faut! adieu...

— Landry! m'écriai-je, si vous m'aimez encore...

Je n'achevai pas, il se fit du bruit dans l'antichambre, je reconnus le pas saccadé de M. de Mailly & je poussai un cri étouffé...

Landry s'élança vers la croisée, l'enjamba, & enfonçant son couteau dans l'entablement, s'en fit un point d'appui pour chercher dans l'obscurité le trou où, en montant, il avait posé le pied...

Au même instant la porte s'ouvrit, M. de Mailly parut, aperçut le couteau de chasse au manche duquel une main était cramponnée, bondit vers la croisée, saisit la main & le couteau, & attira tout à lui...

Oh! vous ne devinerez jamais l'acte de barbarie sans nom dont cet homme se rendit alors coupable; il sépara violemment la main du couteau, appuya celle-ci sur la pierre de la croisée & la trancha d'un seul coup...

L'homme mutilé poussa un cri, & nous entendîmes le bruit de son corps que le tourbillon engloutissait.

— Vous êtes un monstre! m'écriai-je avec une expression de sublime horreur!

— Et vous, me répondit-il avec un calme féroce, vous êtes le démon qui a souillé mon honneur. A nous deux, maintenant.

Il retira de cette main sanglante qu'il tenait dans les siennes la chevalière qu'elle portait à l'index; puis, lançant la main dans la rivière, il me montra la bague & le couteau de chasse.

— Voilà votre châtiment, me dit-il.

VII

Vous devinez, monsieur, quel supplice perpétuel & sans nom fut ma vie à partir de ce jour. Vainement essayai-je de protester de mon innocence, M. de Mailly ne me crut pas.

Deux jours après ce drame sanglant, il entra dans ma chambre un matin & me dit :

— Il me semble que d'un bout du monde à l'autre il n'est pas un seul homme qui ne sache que je suis déshonoré. Vous l'avez voulu, madame; il nous faut renoncer au monde & à ses pompes pour nous ensevelir vivants dans une solitude qu'un étranger seul aura le droit de troubler. Nous quitterons Mailly aujourd'hui même ; ce château que j'avais restauré pour vous & dont vous avez fait le théâtre de ma honte, retournera insensiblement à l'état de ruine que nulle main n'essaie d'étayer, ainsi qu'il convient à une demeure souillée. Nous irons habiter ma terre de Fouronne ; elle est solitaire, perdue au milieu des bois. Vous devez aimer le silence des forêts, vous, madame, puisque ce cher marquis aimait tant la chasse...

Il se prit à rire avec cruauté & poursuivit :

— Oh ! n'ayez nulle crainte, je ne tenterai plus comme autrefois, sot que j'étais ! de vous faire oublier celui que vous aimiez, au contraire ! J'en veux perpétuer le souvenir dans votre mémoire par mille soins assidus, par toutes les choses qu'il affectionnait. Le son de sa trompe vous faisait tressaillir ? Eh bien ! j'aurai un piqueur, des chiens, des armes de chasse, tout ce qui eût fait la joie du marquis. Jusqu'à sa bague & à son couteau que vous pourrez voir tous les jours à votre aise & qui vous obligeront de songer à lui ; — car vous ne pouvez l'oublier, madame, cet homme qui est mort pour vous !

Et il se prit à rire de nouveau.

Ce que le vicomte m'avait annoncé fut exécuté de point en point. Nous allâmes habiter Fouronne, & nous y vécûmes ainsi près de dix ans, nous mourant tous deux chaque jour, lui de rage & de honte, car il m'aimait encore & me croyait coupable, moi de douleur...

Hélas ! la mort de Landry avait réveillé tout mon amour pour lui. Je succombais à un supplice & à un regret, ma vie était attachée à une ombre.

Vous comprenez tout maintenant, n'est-ce pas, ces trophées de chasse, cette chevalière & ce couteau, ces chiens & ce piqueur ? Et vous devinez pourquoi M. de Mailly vous fit un des instruments de mon supplice en vous priant d'essayer sa meute,

& me forçant ainsi à assister à la mort du sanglier, voulant me rappeler ce jour où j'avais tremblé pour la vie de Landry de Rey.

— Je comprends, madame, s'écria mon grand-père avec une généreuse indignation, que la vengeance de M. de Mailly était aussi atroce qu'injuste, que cet homme était un monstre & qu'il méritait le plus terrible des châtiments.

— Je lui ai pardonné, répondit la vicomtesse avec douceur, & tous les jours je prie Dieu qu'il lui pardonne comme moi. M. de Mailly se mourait, il sentait approcher sa fin, &, à mesure que l'heure solennelle avançait, une sorte de doute pénétrait dans son esprit. La veille de sa mort, tandis qu'assise à son chevet je lui préparais une potion, il me regarda fixement & me dit :

— Savez-vous, madame, que si je m'étais trompé & que vous fussiez réellement innocente, je serais un monstre?

— Non point un monstre, répondis-je, mais un homme égaré.

Il hésita & se tut un moment.

— Non, non, murmura-t-il enfin, j'aime mieux croire que vous étiez coupable. J'ai vengé mon honneur; chacun comprend l'honneur à sa manière, je n'ai rien à me reprocher.

Le matin du jour où il expira, ses doutes le reprirent.

— Rose, me dit-il avec douceur, mettez-vous à genoux & jurez-moi...

Je m'agenouillai & lui dis d'une voix ferme & lente dont la sincérité était irrécusable :

— Sur les cendres de mon père, devant Dieu que vous verrez bientôt, monsieur, je vous jure que vous vous êtes trompé, que je n'ai jamais cessé d'être une honnête femme. M. de Rey était entré chez moi sans mon aveu.

— Eh bien! murmura-t-il avec accablement, priez Dieu qu'il ait pitié de moi &

pardonnez-moi si vous en avez le courage.

— Je vous pardonne, répondis-je en appuyant mes lèvres sur son front.

Peu après le délire le prit, il ne recouvra plus l'usage de la raison, & il s'éteignit en murmurant mon nom & les mots de grâce & de pitié.

VIII

Au moment où la vicomtesse achevait ce pénible & douloureux récit, la cloche du parc se fit entendre & frappa d'étonnement madame de Mailly & mon grand-père. Il était alors près de minuit.

— Je n'attends personne à pareille heure, dit la vicomtesse, & je ne sais qui peut se présenter...

— Sans doute quelqu'un qui, comme moi, demande l'hospitalité. Voulez-vous me permettre d'aller voir ?

Le pressentiment secret qu'un nouvel événement, heur ou malheur, menaçait peut-être cette pauvre femme, avait dicté cette offre à mon grand-père.

La vicomtesse acquiesça d'un signe; elle éprouvait le besoin d'être seule & de pleurer sans contrainte.

Mon grand-père rencontra dans l'escalier le vieux domestique, qui lui dit :

— Monsieur le comte, c'est peut-être un bonheur que vous soyez ici, & vous préparerez mieux que nous madame la vicomtesse à une pareille nouvelle.

— De quoi s'agit-il?

— M. de Rey n'est pas mort.

— Impossible!

— Rien de plus vrai. Tenez, il est là, dans la salle à manger.

Mon grand-père suivit le valet, & trouva un homme d'environ trente-deux ans, auquel manquait le poignet gauche, & qu'il reconnut, malgré le laps de temps écoulé, pour le marquis de Rey qui servait jadis aux mousquetaires.

— Monsieur, lui dit le marquis, Dieu a permis que j'échappasse deux fois à une mort presque inévitable. Après la catastrophe qui me sépara de madame de Mailly, je passai en Amérique pour y chercher, à côté de Lafayette & de Washington, ce trépas qui me repoussait. Je survécus en dépit de ma douleur & de mes témérités sans nombre. A mon retour, j'ai appris que Rose était veuve. Croyez-vous que je puisse lui rendre un peu de bonheur?

. . . .

Mon grand-père quitta Fouronne le lendemain du mariage du marquis Landry de Rey avec la veuve du vicomte de Mailly.

A deux lieues du château, il aperçut, assis à l'ombre d'une haie, un pauvre diable à la mine allongée, qui effeuillait des marguerites avec la candeur maussade d'un amoureux rebuté.

— Hé! pardieu! que faites-vous là, maître Letaillis! s'écria-t-il en reconnaissant l'ancien piqueur du vicomte.

— Hélas! monsieur, répondit le piqueur,

je vis de mes rentes. Madame la vicomtesse m'a congédié, & je meurs tranquillement de faim. Il paraît qu'elle aimait moins la chasse qu'on ne pensait.

— Eh bien! répondit mon grand-père, allez à Fouronne, où on vous recevra sûrement, maître Letaillis. La vicomtesse pourrait bien s'être reprise à aimer la vénerie.

FIN

LIBRAIRIE CENTRALE

24, BOULEVARD DES ITALIENS, 24

EXTRAIT DU CATALOGUE

L'ALGÉRIE CONTEMPORAINE, par VIAN.
1 vol. grand in-18 jésus. . . . . 3 »

L'AN 5865, ou *Paris dans quatre mille ans*,
par le docteur H. METTAIS. 1 vol. grand in-18
jésus. . . . . 3 »

L'ANNUAIRE DE LA CHARITÉ, par M. ED.
KNOEPFLIN. 1 vol. grand in-18 jésus. . . . 3 »

L'ANTI-PAPE ET L'ANTI-GUIZOT, protestation de l'esprit moderne contre l'Encyclique
et contre les Méditations de M. Guizot, par un
solitaire de Montmartre. 1 vol. in-8. . . . 3 »

L'ART DE LA BEAUTÉ, par LOLA MONTÈS.
1 vol. grand in-18 jésus, orné du portrait de
l'auteur, photographié par FRANCK. . . . 2 »

AVEZ-VOUS BESOIN D'ARGENT? par PIERRE
VÉRON. 1 vol. grand in-18 jésus. . . . . 3 »

**LES BIENFAITEURS DES PAUVRES AU
XIXᵉ SIÈCLE**, par ED. KNOEPFLIN, contenant
une nomenclature des dons et legs faits aux
pauvres de Paris depuis 1804 jusqu'en 1862.
1 vol. in-8. . . . . 8 »

BIVOUACS DE VERA-CRUZ A MEXICO, par

un Zouave. 1 vol. grand in-18 jésus, précédé
d'une préface par Aurélien Scholl. . . . 3 »

LA BOUGIE ROSE, par Ch. Joliet. 1 vol. gr.
in-18 jésus. 1 50

LES BUVEURS D'ABSINTHE, par Octave
Féré et Jules Cauvain. 1 vol. gr. in-18 jésus. 3 »

LA CAMARILLA SCIENTIFIQUE, lettre à M.
Leverrier, par Ch. Emmanuel. 1 vol in-8. . 1 25

CAMPAGNES ET STATIONS SUR LES COTES
DE L'AMÉRIQUE DU NORD, par E. du
Hailly. 1 vol. grand in-18 jésus. . . . . 3 »

LES CÉLÉBRITÉS DE LA RUE, par Ch.
Yriarte. 1 vol. in-8, illustré de nombreuses
vures (*nouvelle édition*). . . . . 6 »

CE QUE L'ON DIT PENDANT UNE CON-
TREDANSE, par Ch. Narrey. 1 joli volume
in-18, orné de gravures sur bois. . . . . 2 »

LES CHASSES SAUVAGES DE L'INDE, récits
pleins d'intérêt et de vérité, par Germain de
Lagny. 1 vol. gr. in-18 jésus (2e *édition*). . 3 »

LES COMÉDIENNES ADORÉES, par Emile
Gaboriau. 1 vol. gr. in-18 jésus orné d'un
portrait de Sophie Arnould, gravé sur acier. 3 »

COMMENT AIMENT LES FEMMES, par Va-
lery Vernier. 1 vol. gr. in-18 jésus, orné d'une
vignette à deux teintes (2e *édition*). . . . 3 »

CONTES DES FÉES du *Magasin des enfants*,
de madame Leprince de Beaumont, illustrés
par Gavarni et précédés d'une préface de Méry.
1 beau vol. gr. in-8, grav. à part sur papier de
Chine, br. . . . . 10 »

— Belle reliure demi-chagrin, tranches dorées. 14 »

CONTES ET CHRONIQUES DES EAUX ET

DES BAINS DE MER, par JULES CAUVAIN.
1 vol. gr. in-18 jésus. . . . . 2 »

LES COTILLONS CÉLÈBRES, par ÉMILE GA-
BORIAU; études historiques, satiriques et anecdotiques sur les maîtresses des rois de France,
depuis les époques légendaires jusqu'à la fin
du règne de Louis XV. 2. vol. grand in-18
jésus, ornés de deux portraits gravés sur acier
(4e édition). . . . . 6 »

LES COUSINES DE SATAN, par JULES DE
SAINT-FÉLIX. 1 vol. gr. in-18 jésus (2e édition). 3 »

DE LA DÉCADENCE DE LA FRANC-MAÇON-
NERIE EN FRANCE et des moyens d'y remé-
dier, par G. MABRU. 1 vol. gr. in-18 jésus. . 3 »

LES DRAMES DU MARIAGE, par BENJ. GAS-
TINEAU. 1 vol. gr. in-18 jésus. . . . . . 2 »

UN DRAME ÉLECTORAL, par L. M. GAGNEUR.
1 vol. gr. in-18 jésus . . . . 3 »

L'ÉCOLE DES LOUPS, par OCTAVE FÉRÉ et
JULES CAUVAIN. 1 fort vol. gr. in-18 jésus. . 3 »

L'ÉGLISE UNIE A L'ÉTAT, revue d'antiques,
par ACHILLE DELORME. 1 vol. in-8. . . . . 5 »

L'ÉTÉ D'UN FANTAISISTE, coméd.-vaudev.
en un acte, par ED. BRISEBARRE. 1 vol. grand
in-18 jésus. . . . . 1 »

LA FAMILLE HASARD, par PIERRE VÉRON.
1 vol. gr. in-18 jésus. . . . . 3 »

LES FAUCHEURS POLONAIS, par HENRI
AUGU. 1 vol. gr. in-18 jésus. . . . . . 1 »

UNE FEMME DE COEUR, par AUG. MARC.
BAYEUX. 1 fort vol. gr. in-18 jésus (2e édition). 3 »

UNE FEMME DU MONDE, par SEMENOW. 1 v.
grand in-18 jésus (2e édition). . . . . . 3 »

18

UNE FEMME HORS LIGNE, par L. M. GAGNEUR. 1 vol. grand in-18 jésus. . . . . . 3 »

LA GAMME DES AMOURS, par Oscar Comettant. 1 vol. gr. in-18 jésus. . . . . . . 3 »

LA GIBECIÈRE D'UN BRACONNIER, récits de chasse et de chasseurs, par Germain de Lagny. 1 vol. gr. in-18 jésus. . . . . . 3 »

LES GRANDES AMOUREUSES AU COUVENT, par Lannau-Rolland; études anecdotiques sur les héroïnes repenties de la galanterie. 1 vol. in-18 jésus, orné d'un beau portrait gravé sur acier. . . . .

IAMBES D'AUJOURD'HUI, par Hippolyte Philibert. 1 vol. gr. in-18 jésus. . . . . 3 »

LA JEUNESSE AMOUREUSE, par J. Duboys. 1 vol. gr. in-18. . . . . 3 »

LA JEUNESSE DE JÉSUS par Kirchen. 1 vol. in-8. . . . . 5 »

LA LÉGENDE DE L'HOMME ÉTERNEL, par A. Durantin. 1 vol. gr. in-18. . . . . 3 »

LETTRES D'AMOUR DE MIRABEAU ET DE SOPHIE MONNIER, précédées d'une notice par M. Mario Proth, et accompagnées d'un beau portrait de Sophie, gravé sur acier d'après un dessin du temps. 1 vol. gr. in-18 jésus. (Nouvelle édition.). . . . . . . 3 »

LINCOLN, sa naissance, sa vie, sa mort, avec un récit de la guerre d'Amérique, par Ach. Arnaud. 1 vol. grand in-8, illustré de 20 belles gravures. 1 50

UNE LUCRÈCE DE CE TEMPS-CI, par Valery Vernier. 1 vol gr. in-18 . . . . 3 »

MAISON AMOUR ET Cᵉ, par Pierre Véron. 1 vol. gr. in-18 jésus (3ᵉ *édition*). . . . . 3 »

LES MARIAGES DE PROVINCE, par J. Duboys. 1 vol. gr. in-18 jésus.	3 »
LE MARIAGE DU VICAIRE, par Pierre Lefranc. 1 vol gr. in-18.	3 »
LES MAUVAIS COTÉS DE LA VIE, par Auguste Luchet. 1 vol. gr. in-18.	3 »
MÉMOIRES D'UN CHASSEUR DE RENARDS (scènes de la vie anglaise), par A. de Vaubicourt. 1 vol. gr. in-18.	3 »
MÉMOIRES D'UN VALET DE CHAMBRE AUX CHEVEUX ROUX, par Maurice. 1 vol. in-32.	1 »
MÉMOIRES SUR BÉRANGER, par Savinien Lapointe. 1 vol. in-8 sur papier de Hollande, orné d'une photographie de Béranger.	3 »
MERYEM, scènes de la vie algérienne, par Camille Périer. 1 vol. gr. in-18.	3 »
MES CHASSES DANS LES DEUX MONDES, par Henry Gaillard. 1 vol. gr. in-18.	3 »
MONSIEUR PERSONNE, par Pierre Véron. 1 vol. gr. in-8 jésus.	3 »
LA MORT DE JÉSUS, tradition essénienne, traduite de l'allemand par Daniel Ramée (4e édition, revue et corrigée). 1 vol. in-8.	5 »
LES MORTS VIOLENTES, par Eugène Gru. 1 fort vol. gr. in-18 jésus.	3 »
LENID, com. en un acte, par G. Bondon, 1 vol. gr. in-18 jésus.	1 »
L'OEIL NOIR ET L'OEIL BLEU DE MADEMOISELLE DIANE, par Léon Gozlan. 1 vol. gr. in-18 jésus.	3 »
LES OISEAUX DE CLICHY, par Jules de Saint-Félix. 1 vol. gr. in-18 jésus.	3 »

ORGANISATION SOCIALE DE LA RUSSIE, par M. le comte ALFRED DE COURTOIS. 1 vol. in-8................................ 5 »

OU EST LA FEMME ? par AD. DUPEUTY. 1 vol. gr. in-18 jésus, précédé d'une préface, par JULES NORIAC.......................... 3 »

LE PALAIS DE SAINT-CLOUD. Histoire anecdotique et description pittoresque des appartements, écrite d'après l'ordre de l'Empereur, par MM. PHILIPPE DE SAINT-ALBIN, bibliothécaire de S. M. l'Impératrice, et ARMAND DURANTIN. 1 vol. in-8................. 6 »

— Le même ouvrage, format in-18 jésus, également accompagné du plan............. 3 »

LES PARIAS DE L'AMOUR, par C. A. DAMEZEUIL. 1 vol. gr. in-18 jésus.............. 2 »

PARIS AU GAZ, par JULIEN LEMER. 1 vol. gr. in-18.............................. 3 »

PARIS PARTOUT, par NÉRÉE DESARBRES. 1 vol. gr. in-18 jésus.................... 2 »

LE PAVÉ DE PARIS, par PIERRE VÉRON. 1 vol. gr. in-18 jésus (2e édition)........... 3 »

LES PETITES COMÉDIES DE L'AMOUR, par mademoiselle LÉONIDE LEBLANC, 1 vol. gr. in-18 jésus, accompagné d'un autographe de l'auteur (3e édition)................ 3 »

LES PETITES COMÉDIES DE L'AMOUR, opérette en 1 acte, par MM. DUTERTRE et LEMONNIER, musique de M. A. DE GROOT. 1 vol. gr. in-18 jésus...................... 1 »

LES PETITS-FILS DE TARTUFE, par HONORÉ PONTOIS. 1 vol. gr. in-18 jésus........... 3 »

LES PLAIES LÉGALES, par Alex. Laya, 1 vol. in-8.. . . . . 5 »

POÉSIES de Guérin de Litteau. 2 beaux vol. in-18; chaque volume séparément.. . . . . 5 »

POÉSIES PARISIENNES, par Emmanuel Des Essarts. 1 vol. gr. in-18 jésus.. . . . . . 3 »

LES PROSCRITS DE SICILE, par Emmanuel Gonzalès. 1 vol. gr. in-18 jésus. . . . . 3 »

LA PUDEUR, par Paul Perret. 1 vol. gr. in-18 jésus . . . . 3 »

LES QUATRE COINS DE PARIS, par Léo Lespès (Timothée Trimm). 1 vol. gr. in-18 jésus (2e édition).. . . . . 3 »

LA RÉGENCE GALANTE, par Augustin Challamel. Histoire anecdotique et satirique de la Régence, écrite d'après les mémoires et les manuscrits du temps. 1 vol. gr. in-18, orné d'un beau portrait de la duchesse du Maine, gravé sur acier. . . . . 3 »

DES RÉVOLUTIONS DU MEXIQUE, par Gabriel Ferry. 1 vol. gr. in-18 jésus, précédé d'une préface, par George Sand. . . . . 3 »

RIMES FRANCHES, poésies, par Louis Guibert. 1 vol. gr. in-18 jésus. . . . . . . 2 »

LE ROI VICTOR-EMMANUEL, par Ch. de la Varenne. 1 vol. gr. in-18 jésus, orné d'un beau portrait du roi d'Italie, photographié par Carjat. 3 50

LE ROMAN DE LA FEMME A BARBE, par Pierre Véron. 1 vol. gr. in-18 (3e édition). . 3 »

LE ROMAN DU MARI, par Amédée Achard. 1 vol. gr. in-18 jésus (2e édition). . . . . 2 »

ROMANS ENFANTINS, par Paul Féval. 1 vol. gr. in-8 jésus, illustré de gravures sur bois et

orné de 13 eaux-fortes de L. Flameng et d'un
beau portrait de l'auteur, photographié par
Franck, broché . . . . 15 »
— Reliure demi-chagrin. 20
RUSES D'AMOUR, par Émile Gaboriau. 1 vol.
gr. in-18 jésus, orné d'une vignette gravée sur
acier. . . . . 3 »
UN SECRET DE JEUNE FILLE, par Ange
de Kéraniou. 1 vol. gr. in-18 jésus. . . . 2 »
SEPT ANS A L'OPÉRA, souvenirs anecdotiques
d'un secrétaire particulier, par Nérée Desarbres. 1 joli volume in-18, orné de nombreuses
vignettes. . . . . 3 »
SOUS LES TROPIQUES, par Paul Dhormoys.
1 vol. gr. in-18 jésus. . . . . 3 »
SOUVENIRS D'UN MÉDECIN DE PARIS,
par le docteur Mettais. 1 vol. gr. in-18 jésus. 3 »
SPAHIS ET TURCOS, par Florian Pharaon. 1
vol. gr. in-18 jésus. . . . . 3 »
LES TABLEAUX VIVANTS, par Léo Lespès
(Timothée Trimm). 1 vol. gr. in-18 jésus. . 3 »
LE TREIZIÈME HUSSARDS, par Émile Gaboriau. 1 vol. gr. in-18 jésus (12ᵉ *édition*). . 3 »
LE TROUPIER TEL QU'IL EST.... A CHEVAL, études militaires d'après nature, par
Dubois de Gennes. 1 vol. gr. in-18 jésus . . 3 »
LA VACHE ENRAGÉE, pièce en 3 actes et
8 tableaux, par Ed. Brisebarre. Brochure
in-8. . . . . » 50
LA VIE DE THÉATRE. — *Grandes et petites
aventures* de mademoiselle Montansier; esquisses, anecdotes. — *Le Théâtre à Bade*,
par Victor Cochilhac. 1 vol. gr. in-18 jésus. . 3 »

Paris. Imp. Poupart-Davyl et Cie, rue du Bac, 30.

EN VENTE A LA MÊME LIBRAIRIE

LA RÉVOLUTION DU JOURNALISME, par ARNOULD FRÉMY. 1 vol. gr in-8 . . . . 5 fr.
TARTUFE SPIRITE, par ALFRED DE CASTON. 1 vol. in-8 . 5
L'ÉGLISE UNIE A L'ÉTAT, par ACHILLE DELORME. 1 v. in-8. 5
LES PLAIES LÉGALES, par ALEXANDRE LAYA. 1 vol. in-8. 5
LA FAMILLE HASARD, par PIERRE VÉRON. 1 vol. gr. in-18 jésus. 3
LE PAVÉ DE PARIS, par PIERRE VÉRON. 1 vol. gr. in-18 jésus 2e édition). 3
AVEZ-VOUS BESOIN D'ARGENT? par PIERRE VÉRON. 1 vol. grand in-18 jésus. 3
LA FOIRE AUX GROTESQUES, par PIERRE VÉRON. 1 vol. grand in-18 jésus. 3
LES BUVEURS D'ABSINTHE, par OCTAVE FÉRÉ et J. CAUVAIN. 1 vol. gr. in-18 jésus. 3
L'ÉCOLE DES LOUPS, par OCTAVE FÉRÉ et J. CAUVAIN. 1 vol. gr. in-18 jésus. 3
LES PROSCRITS DE SICILE, par EMMANUEL GONZALÈS. 1 vol. gr. in-18 jésus. 3
LES VENDEURS DE BONNE AVENTURE, par ALFRED DE CASTON. 1 vol. gr. in-18 jésus. . . . . 3 »
LES JOUEUSES, par mademoiselle MAXIMUM. 1 vol. gr. in-18 jésus . . . . 3 »
LES PETITES COMÉDIES DE L'AMOUR, par mademoiselle LÉONIDE LEBLANC. 1 vol. gr. in-18 (3e édition). . . . . 3 »
LES DAMES DE RISQUENVILLE, par AURÉLIEN SCHOLL. 1 vol. gr. in-18 jésus. . . . . 3 »
LES TABLEAUX VIVANTS, par LÉO LESPÈS (Timothée Trimm). 1 vol. gr. in-18 . . . . 3 »
LES QUATRE COINS DE PARIS, par LÉO LESPÈS (Timothée Trimm). 1 vol. gr. in-18 (2e édition). . . . . 3 »
LOUISA OU LES DOULEURS D'UNE FILLE DE JOIE, par l'abbé TIBERGE. 1 vol. gr. in-18. . . . . . . 3 »
BIVOUACS DE VERA-CRUZ A MEXICO, par UN ZOUAVE. 1 v. gr. in-18 jésus, accompagné d'une carte de l'expédition. 3 »
LA PUDEUR, par PAUL PERRET. 1 vol. gr. in-18 jésus . . 3 »
MYSTÉRIEUSES, par AIMÉ GIRON. 1 vol. gr. in-18 jésus . . 3 »
L'AMIE DE LA REINE, par JULES DE SAINT-FÉLIX. 1 vol. gr. in-18 jésus. . . . . 3 »
LES OISEAUX DE CLICHY, par JULES DE SAINT-FÉLIX. 1 vol. grand in-18 jésus. . . . . 3 »

www.ingramcontent.com/pod-product-compliance
Lightning Source LLC
Chambersburg PA
CBHW060653170426
43199CB00012B/1774